Le troisième opuscule que je publie, sous le titre de *la Justice industrielle des Prud'hommes*, a pour objet de compléter, avec mes *Contrats d'Apprentissage* et de *Louage d'Ouvrage et d'Industrie*, un petit corps de droit élémentaire sur le TRAVAIL INDUSTRIEL.

Il ne suffisait pas d'exposer les règles qui gouvernent ce travail dans les deux périodes de la vie industrielle, il fallait encore faire connaître aux parties contractantes la juridiction appelée à décider les difficultés qu'il peut amener entre elles.

Ceux qui exercent cette juridiction, si simple qu'elle soit, doivent éprouver eux-mêmes le besoin d'en étudier souvent les conditions et les devoirs.

Déjà j'ai expliqué les principes sur mon sujet dans *la Compétence des Prud'hommes* (1); mais, ainsi que je l'ai fait pour les deux contrats, je

____

(1) Publié, EN 1842., CHEZ JOUBERT, vol. in-8°.

me propose aujourd'hui de donner à ce nouveau livre une appropriation toute pratique, qui puisse rendre familières les notions dont il présentera l'analyse. Ceux qui voudront posséder la matière plus à fond, trouveront les développements dans l'ouvrage principal.

Je signalerai quelques modifications, fort légères d'ailleurs, dont l'expérience m'a révélé l'utilité.

Et je donnerai la formule très-succincte des actes judiciaires les plus graves. L'un des avantages essentiels de la juridiction des Prud'hommes, c'est d'être exempte de formalités et de frais; je puis donc me borner à indiquer les actes par leur substance.

On commence à reconnaître que cette juridiction a de l'avenir. En effet, l'institution d'un premier conseil pour les métaux, à Paris, n'a pas encore une année d'existence, et, d'après le résultat heureux de ses débuts, le gouvernement apprécie la convenance d'y créer d'autres Conseils pour les autres industries (1).

(1) M. le Ministre du Commerce a invité M. le Préfet de la

DE LA
JUSTICE INDUSTRIELLE
DES PRUD'HOMMES,

EXPLIQUÉE

AUX OUVRIERS ET A CEUX QUI LES EMPLOIENT,

SELON LES LOIS, RÈGLEMENTS ET USAGES,

ET LA JURISPRUDENCE DES CONSEILS DE PRUD'HOMMES.

Par MOLLOT,

Avocat à la Cour royale de Paris.

PARIS,

NAPOLÉON CHAIX ET Cᵢₑ, ÉDITEURS,
Rue Neuve-des-Bons-Enfants, 7.

VIDECOQ PÈRE ET FILS, PLACE DU PANTHÉON, 1.

1846

DE LA
JUSTICE INDUSTRIELLE
DES PRUD'HOMMES,

EXPLIQUÉE

AUX OUVRIERS ET A CEUX QUI LES EMPLOIENT,

SELON LES LOIS, RÈGLEMENTS ET USAGES,

ET LA JURISPRUDENCE DES CONSEILS DE PRUD'HOMMES.

Par MOLLOT,

Avocat à la Cour royale de Paris.

PARIS,

NAPOLÉON CHAIX ET Cie, ÉDITEURS,
Rue Neuve-des-Bons-Enfants, 7.

VIDECOQ PÈRE ET FILS, PLACE DU PANTHÉON, 1.

—

1846

Ce ne sera point assez.

Les lois spéciales semblent avoir restreint aux fabriques seules l'application de la juridiction; mais le fait proteste partout contre une exception qui n'a plus de motifs sérieux. Toutes les industries, celles exercées par de simples artisans, comme les industries manufacturières, veulent avoir les prud'hommes pour arbitres de leurs différends; et, dans presque toutes les localités où ils existent, les industries qui ne sont pas des fabriques proprement dites, s'adressent à leur tribunal, malgré l'exclusion apparente que prononcent les lois actuelles.

La mesure ne sera donc complète que lorsqu'une loi nouvelle aura permis d'étendre la juridiction à toutes les industries qui ont quelque importance. Ce moment ne tardera pas d'arriver, j'en ai la conviction.

D'un autre côté, les améliorations que les mêmes lois réclament, quant à l'organisa-

Seine, dès le mois d'août 1845, à demander au Conseil Municipal le vote des fonds nécessaires. Les dispositions éclairées et bienveillantes du Conseil ne feront pas attendre longtemps une solution favorable.

tion des Conseils, à leurs attributions, à la procédure, etc., pour être mises, après quarante années d'existence, au niveau des progrès et des besoins de l'industrie, seront certainement proposées. L'industrie doit avoir son Code, de même que le commerce a le sien; le commerce et l'industrie sont choses distinctes, et celle-ci n'est pas moins digne d'intérêt.

Populariser une institution aussi utile, en lui donnant une sage extension, indiquer les amendements possibles, c'est un but permis à tout citoyen et naturellement tracé : c'est ce que je vais essayer de faire, autant que la nature d'un ouvrage élémentaire le comporte.

M. le ministre du commerce, dont la sollicitude éclairée ne se dément pas, encourage lui-même de tels efforts, puisque, par une notice imprimée, il a cru devoir consulter, sur ces matières, le conseil général des manufactures et du commerce.

Mais, qu'il me soit permis de le dire, la législation, pour être bonne, doit se formuler avec des vues progressives et dans un ensemble régulier. L'insuffisance des dispositions actuelles vient surtout de ce qu'elles manquent entre elles de cohérence et d'unité, pour avoir été décrétées partiellement et à des intervalles divers. Le seul moyen d'éviter un inconvénient aussi grave, c'est de rassembler dans un seul cadre, *dans une même loi,* toutes les attributions qu'il importe de confier aux Prud'hommes. Cette opinion a été adoptée par le Conseil général.

Pour être complet, autant qu'il dépend de moi, j'offrirai le texte des lois et règlements qui existent aujourd'hui, et je me contenterai de les accompagner d'un commentaire fort court. Je citerai les usages, la jurisprudence, les vœux des Conseils de Prud'hommes. Je renverrai à la *Compétence* et aux *Contrats d'Apprentissage* et *de Louage,* afin d'éviter des répétitions inutiles.

DIVISION DES MATIÈRES.

---

(1) Ce sont celles-là qui constituent vraiment la juridiction des Prud'hommes et qu'il importe surtout d'étudier.

APPENDICE.

JUSTICE INDUSTRIELLE

DES

PRUD'HOMMES.

⎯⎯⎯

EXPOSITION.

⎯

On donnait autrefois le nom de *Prud'hommes* (1), dans certaines localités, aux officiers municipaux; dans quelques autres, aux juges composant les tribunaux ordinaires; dans presque toutes, aux experts que commettait la justice pour avoir leur avis sur des procès et qui se recommandaient à sa confiance, par leur probité, leur sagesse, leurs connaissances spéciales.

La loi du 22 germinal an XI (2), ayant reconnu la nécessité de régulariser le travail dans les manufactures, institua une juridiction administrative chargée de juger les affaires de *simple police*, qui pouvaient naître des rapports entre les fabricants et les ouvriers (art. 19). Elle renvoya les différends *purement civils* devant les tribunaux ordinaires (art. 20).

(1) Etymologie latine: *Prudentes homines,* c'est-à-dire *hommes prudents.*

(2) En voir le texte, dans l'*Appendice.*

Mais il y avait un grave inconvénient à confier ces contestations, dont l'appréciation réclame des connaissances toutes spéciales, à des magistrats étrangers aux fabriques. L'empereur Napoléon le comprit, et il créa les *Conseils de Prud'hommes* (1).

Ce fut, en 1806, à la suite d'un voyage à Lyon. Les fabricants de soierie lui signalèrent l'insuffisance de la loi de l'an XI, et le prièrent de leur rendre une institution analogue à celle dont ils jouissaient avant 1791. Alors, un bureau, nommé *tribunal commun* et composé de juges qui appartenaient à cette fabrique, avait mission de concilier tous les différends qu'elle pouvait amener entre les fabricants et les ouvriers.

La loi du 18 mars organisa donc les Conseils de Prud'hommes pour la ville de Lyon ; elle fit plus (ce que l'on ne remarque point assez), elle *généralisa* ses dispositions, en décidant, art. 33 et 34, que la mesure serait étendue à *toutes les autres villes* de fabrique, selon les besoins de la localité, quelle que fût la nature des industries. Et c'est, en vertu de cette loi, que plusieurs autres Conseils furent aussitôt établis à Avignon, à Carcassonne, à Clermont, à Rouen, etc.

Trois ans après, les principes de l'institution furent développés et agrandis par deux décrets ayant force de

______

(1) Il ne s'agit point ici des Prud'hommes-*pêcheurs*. (V. notre *Comp.*, p. 27.)

lois, celui du 11 juin 1809, rectifié le 20 février suivant (1), et celui du 3 août 1810.

D'autres dispositions particulières sont venues plus tard accorder aux Prud'hommes de nouvelles attributions.

Ce sont toutes ces dispositions réunies qui organisent la *Justice industrielle* des Prud'hommes, et qu'il convient d'expliquer, parce qu'elles régissent toutes les villes où l'institution existe, la ville de Lyon comme les autres.

On compte en France soixante-dix places manufacturières qui possèdent un Conseil de Prud'hommes. (V. le tab., *Comp.*, p. 371, en y ajoutant les Conseils de Nantes, du Puy, de Roanne, de Cateau, créés depuis.)

Les fonctions des Prud'hommes, disons-le de suite, sont de deux sortes : elles consistent dans l'exercice d'une *juridiction* proprement dite, et dans l'exercice de certaines *attributions* administratives.   —

Leur droit de juridiction embrasse tout à la fois, et les intérêts *civils*, et les faits de discipline ou de *police*.

Les Prud'hommes sont les JUGES DE PAIX DE L'INDUSTRIE.

Leur science, c'est L'ÉQUITÉ (2);

------

(1) Le décret du 20 février 1810 est le même que celui du 11 juin 1809, sauf une rectification faite au tarif quant aux greffiers du tribunal de commerce. Aussi, nous citerons indifféremment l'une ou l'autre de ces dates.

(2) Les prud'hommes doivent, pourtant, posséder quelques no-

Leur objet capital, LA CONCILIATION.

Et pour atteindre ce résultat, si éminemment précieux dans l'intérêt de la population des fabriques, la juridiction a été confiée à des hommes spéciaux, à des juges élus par leurs pairs (1).

Les Prud'hommes n'ont pas de costume. Une ordonnance royale, du 12 novembre 1828, dispose seulement : « qu'ils porteront dans l'exercice de leurs fonctions » soit à l'audience, *soit au dehors*, une médaille d'ar-» gent, suspendue à un ruban noir en sautoir, le tout » conformément au modèle ci-annexé (2). »

Nous diviserons les lois et règlements qui les concernent en deux parties, suivant l'importance des matières, et par ordre chronologique dans chaque partie.

tions générales de droit, que j'ai présentées, *Comp.*, p. 94 et suiv. Ils peuvent aussi consulter mes *Contrats d'Apprentissage* et de *Louage d'Ouvrage*, qui expliquent la raison de décider sur presque toutes les contestations soumises à leur tribunal.

(1) V. l'Introduction de la *Comp.*, p. 1 et suiv., et mes Considérations générales sur le projet pour Paris, même ouvrage, p. 441 et suivantes.

(2) Ce modèle a été changé, depuis 1830, par une note ministérielle insérée au *Moniteur universel* du mois d'août 1832.

PREMIÈRE PARTIE.

Dispositions générales.

LOI DU 18 MARS 1806,

Portant établissement d'un Conseil de Prud'hommes à Lyon.

TITRE PREMIER (DE LA LOI).

INSTITUTION ET NOMINATION DES PRUD'HOMMES.

Art. 1er. Il sera établi à Lyon un Conseil de Prud'hommes, composé de neuf membres, dont cinq négociants fabricants, et quatre chefs d'atelier. —

Nous avons dit, dans l'exposition qui précède, que la loi n'a pas seulement été faite pour la ville de Lyon, et qu'elle régit encore les autres villes où l'administration a cru devoir établir des Conseils de Prud'hommes. (V. ci-après les art. 33 et 34.) C'est ce que reconnaît, en termes exprès, l'ordonnance royale du 29 décembre 1844, qui crée un Conseil à Paris pour l'industrie des *métaux*. (Art. 6. — V. l'Appendice.)

Si plusieurs dispositions de cette loi ont été reprises ou modifiées par les deux décrets postérieurs des 11 juin 1809 et 3 août 1810, nous verrons qu'un grand nombre d'autres dispositions fort importantes ont été maintenues par eux.

Il existe, d'ailleurs, des fabriques de soieries dans d'autres places, notamment à Nîmes, à Avignon, et des fabriques analogues, comme celles de tissus, de châles, à Paris, à Rouen, à Mulhouse, etc.

Le Conseil de Prud'hommes de Lyon, qui n'avait été créé que pour les fabriques de soieries, a reçu depuis une extension de juridiction sur d'autres fabriques, et le nombre de ses membres a été augmenté, aux termes de l'art. 3 du décret de 1809.

On entend, par NÉGOCIANT-FABRICANT, celui qui fait fabriquer avec des matières premières, *à lui appartenant,* par des chefs d'atelier ou des ouvriers travaillant pour son compte, les marchandises qu'il met ensuite dans le commerce, en gros ou en détail. —Celui dont l'industrie se borne à acheter et à revendre des produits *fabriqués*, n'est pas fabricant, il est seulement négociant ou marchand.

La loi désigne aussi le négociant-fabricant sous les dénominations de *marchand-fabricant* (art. 1er et autres), — de *maître* (art. 1780, 1788 et autres du Code civil), — de *fabricant* : ces dénominations diverses ont le même sens légal.

Le CHEF D'ATELIER est un ouvrier *à façon* qui, rece-

______
(1) Voir l'Exposé des motifs de cette loi, *Comp.*, p. 393 et suiv.

vant les matières premières du négociant-fabricant, les confectionne dans son propre domicile ou les y fait confectionner par des ouvriers ou apprentis qu'il embauche et paye. Bien que le chef d'atelier emploie des ouvriers comme le fabricant, il travaille en réalité *pour le compte de celui-ci.*

Le chef d'atelier est plus spécialement attaché aux fabriques de soieries (1). Cependant, il en existe pour des industries analogues à Paris et ailleurs.

Nous verrons que la loi reconnaît plusieurs autres conditions d'ouvriers. (Art. 1er et suiv. du décret du 11 juin 1809) (2).

L'inégalité qui fait entrer dans la composition du Conseil un membre de plus du côté des fabricants, et que les décrets ont maintenue, a été critiquée dans ces derniers temps, lorsqu'il s'est agi de l'institution des Prud'hommes à Paris; mais elle est nécessaire pour former la solution en cas de partage (3).   —

(1) A Lyon, il s'appelle aussi *maître-ouvrier.*

(2) Voir notre *Contrat de Louage,* n°s 22 et suiv.

(3) Voici ce que nous avons répondu :« L'inégalité des membres est forcée dans un tribunal quelconque pour opérer le départage de juges. On ne pouvait prendre le départageant parmi les ouvriers plutôt que parmi les fabricants. Si la loi eût appelé un tiers étranger aux fabriques, fût-ce même un magistrat judiciaire ou administratif, la juridiction aurait perdu son caractère essentiel de spécialité. Dans cette alternative, la loi, obligée d'opter, a pensé avec raison que les fabricants devaient obtenir la préférence, parce qu'ils apportent de plus que les ouvriers l'argent qui fait marcher la fabrique et subissent tous les risques qu'elle entraîne à sa suite. Au sur-

2.

Art. 2. Le mode de nomination sera déterminé par un règlement d'administration publique.

C'est le décret du 11 juin 1809 qui a déterminé ce mode, par les art. 2, 13 et suivants. Et nous dirons, sur l'art. 17, quel est le caractère des Prud'hommes.

Le règlement d'administration publique est un acte qui émane du gouvernement seul, c'est-à-dire une ordonnance du roi, rendue sur la proposition du ministre, après délibération et avis préalables du Conseil d'Etat (comités réunis). — (V. l'art. 33 de la loi.)

Art. 3. Les négociants fabricants ne pourront être élus prud'hommes, s'ils n'exercent depuis six ans dans cet état, ou s'ils ont fait faillite.

Les chefs d'atelier ne pourront être élus prud'hommes, s'ils ne savent lire et écrire, s'ils n'ont au moins six ans d'exercice de leur état, ou s'ils sont rétentionnaires de matières données à employer par les ouvriers.

Cet article fixe encore aujourd'hui les principales conditions d'éligibilité.

Ainsi, pour pouvoir être élu prud'homme, le candidat, soit fabricant, soit ouvrier (les chefs d'ateliers sont dans la catégorie des ouvriers), doit réunir les conditions suivantes :

1° *Avoir au moins six ans d'exercice dans son état,* au jour où se forme la liste électorale, et sans com-

plus, on dispute sur un point qui n'a pas d'intérêt réel; presque tous les différends (97 sur 100) se terminent au bureau de conciliation qui est composé, dans un système d'égalité parfaite, d'un prud'homme fabricant et d'un prud'homme ouvrier. »

prendre le temps d'apprentissage, parce qu'il ne peut pas compter pour l'exercice de l'état; — si le fabricant n'a pas six années d'établissement, nous pensons qu'il peut les compléter par le temps de son exercice comme ouvrier.

2° Être dans l'exercice *actuel* de sa profession; — la loi n'exige pas cette condition en termes exprès, mais elle la présuppose. — Plusieurs Conseils de Prud'hommes avaient demandé qu'il en fût autrement pour les anciens fabricants; le Conseil général des manufactures, consulté en 1838 sur cette réclamation, l'a repoussée avec raison. (Voir nos motifs dans la *Compétence*, p. 48.)

3° *Savoir lire et écrire,* — ce qui est le premier élément d'aptitude pour tous.

4° *N'être pas failli*; — nous pensons qu'il faut comprendre, dans cette prohibition, non seulement les individus qui, après avoir été déclarés en faillite, ont obtenu un concordat sans réhabilitation, mais encore ceux qui ont fait une cession judiciaire de leurs biens, ou même un concordat amiable si la preuve de cet arrangement peut être rapportée. Dans tous ces cas, le candidat n'offre ni la pureté ni la moralité nécessaires pour inspirer confiance aux justiciables.

5° Avoir *une patente*; — la loi sous-entend l'existence de cette obligation, parce qu'elle ne pouvait pas ignorer qu'aux termes de l'art. 29 de la loi du 1er brumaire an VII, le fabricant et le chef d'atelier étaient soumis à la patente. Au reste, l'art. 1er du décret du 11 juin 1809 est impératif sur ce point.

Une exception est à faire à l'égard du contre-maître, par la raison que, ne travaillant pas chez lui, il est formellement dispensé de la patente par la loi du 1er brumaire an VII, art. 29, n° 3, et par la nouvelle loi du 25 mai 1844 (1). Plusieurs contre-maîtres, non patentés, font partie du Conseil de Prud'hommes de Paris.

6° La loi n'avait pas déterminé l'âge; le décret l'a fixé à trente ans accomplis. (Art. 17.)

7° Un étranger ne peut pas être élu, bien qu'il ait été admis à jouir des droits civils en France.

8° Quant à l'exclusion qui concerne les chefs d'ateliers en particulier, pour *rétention de matières* fournies par le fabricant, elle s'applique aussi, par identité de motifs, aux autres ouvriers que le décret appelle comme candidats, savoir : aux contre-maîtres, teinturiers et ouvriers patentés. La moralité de tous doit être intacte. On conçoit que l'exclusion ne peut être prononcée (2), qu'autant que le fait de la rétention a été constaté par un jugement ou autre document authentique.

Art. 4. Le Conseil de Prud'hommes se renouvellera par tiers chaque année, le premier jour du mois de janvier.

Trois membres, dont un négociant fabricant et deux chefs d'atelier, seront renouvelés la première année.

(1) V. cette loi, dans notre *Louage*, p. 116, ci-après p. 57.

(2) Voir, sur l'article 15 du décret du 11 juin 1809, comment elle peut être prononcée.

Deux négociants fabricants et un chef d'atelier seront renouvelés à chacune des deux années suivantes.

Cette disposition ayant été reproduite et agrandie par l'art. 3 du décret du 11 juin 1809, nous y renvoyons nos observations.

Art. 5. Les membres des Conseils de Prud'hommes sont toujours rééligibles.

Même renvoi.

TITRE II.

DES FONCTIONS DES PRUD'HOMMES.

SECTION PREMIÈRE.

DE LA CONCILIATION ET DU JUGEMENT DES CONTESTATIONS ENTRE LES FABRICANTS, OUVRIERS, CHEFS D'ATELIER, COMPAGNONS ET APPRENTIS.

Art. 6. Le Conseil des Prud'hommes est institué pour terminer, *par la voie de la conciliation*, les petits différends qui s'élèvent journellement, soit entre des fabricants et des ouvriers, soit entre des chefs d'atelier et des compagnons ou apprentis.

Il est également autorisé à juger, jusqu'à la somme de soixante francs, sans formes ni frais de procédure, et sans appel, les différends à l'égard desquels la voie de conciliation aura été sans effet.

Cette section est consacrée à la *juridiction* des Prud'hommes proprement dite, mais quant aux intérêts *civils* seulement. C'est par les deux décrets postérieurs qu'a été créé le droit de juridiction qui leur appartient, en matière de discipline ou de police (1).

La loi ne s'occupe pas non plus des formes de procéder : le premier de ces décrets y a pourvu (2).

Elle pose le principe fondamental de l'institution. Les Prud'hommes, dit-elle, sont institués pour CONCILIER les différends : c'est là ce qu'elle se propose AVANT TOUT. Ils ne doivent passer au jugement qu'après avoir épuisé tous les moyens propres à opérer un rapprochement. Nous donnerons de plus longs développements sur ce point, ci-après, art. 32 du décret de 1809.

Voici les règles qui, d'après l'art. 6, servent à fixer la compétence des Prud'hommes, pour la conciliation et le jugement; les deux décrets n'y dérogent point, si ce n'est pour le chiffre qui détermine le premier ou le dernier ressort. (V. art. 1er du décret du 3 août 1810.) (3) :

1re RÈGLE. — « L'institution des Prud'hommes étant organisée par des lois spéciales et exceptionnelles, il est nécessaire de la renfermer rigoureusement dans les limites que nos lois lui ont tracées. » Cette règle est absolue, parce qu'elle dérive du principe d'ordre pu-

---

(1) V. les art. 33 et 34 du décret du 14 juin 1809, et l'art. 4 de celui du 3 août 1810.

(2) V. les art. 29 et suiv.

(3) On trouvera, dans la *Comp.*, p. 164 et suiv., le développement de ces règles.

blic, suivant lequel, en toute matière, nul ne peut être distrait de ses juges naturels, sans une disposition expressément dérogatoire de la loi.

2ᵉ RÈGLE. — « La juridiction des Prud'hommes ne s'applique qu'aux fabriques et à ceux qu'elles occupent, fabricants et ouvriers. »

Voir aussi les art. 2 et 10 du décret du 11 juin 1809.

Ainsi, ne sont pas justiciables des Conseils de Prud'hommes les négociants et marchands en gros et en détail, qui, bien que vendant des produits fabriqués, ne sont pas en même temps *fabricants*, les autres industriels non fabricants, les simples artisans (1), quel que soit leur genre d'industrie.

Il en doit être de même pour les peintres, dessinateurs, sculpteurs, modeleurs et graveurs, qui exécutent *chez eux* des modèles avec lesquels le fabricant confectionne ses produits; ils sont réputés artistes; mais s'ils travaillent *dans la fabrique*, et à tant par jour, par mois ou par an, ils doivent être assimilés aux ouvriers qui en dépendent. V. *Louage*, p. 32.

On peut être fabricant pour une partie des objets que l'on vend, et partant, justiciable des Prud'hommes en cette partie.

Il faut encore assimiler aux ouvriers les hommes de peine et même les commis qui travaillent dans la fa-

---

(1) On entend par un *artisan* celui qui confectionne l'ouvrage de ses propres mains.

brique et pour ses besoins : ce sont eux que l'art. 5 de l'ordonnance du 29 décembre 1844, pour Paris, désigne sous la dénomination d'*employés*. (V. *Comp.*, p. 260, pour les commis.)

Au reste, toutes les questions de fait sur la détermination de la qualité des parties, sont laissées à l'arbitrage des Prud'hommes, et bientôt, nous l'espérons, elles seront sans objet quant aux hommes d'industrie. Pour eux tous, ou presque tous, la juridiction des Prud'hommes est une nécessité. Le fait a déjà devancé la loi (1). (V. l'art. 11 du décret du 10 février 1810.)

3e **RÈGLE.** — « La juridiction des Prud'hommes ne s'étend point aux fabriques ni au territoire qui ne sont pas compris dans le règlement portant création du Conseil. »

Arrêt de Cassation du 19 février 1833. (Sirey, vol. 33, p. 1, p. 471.)

Lorsque des parties non justiciables du Conseil viennent lui présenter leur différend, il peut s'en occuper ; si, à défaut de conciliation, il statue en l'état de la législation, c'est comme *arbitre volontaire*, et sous la condition d'observer les formalités prescrites par la loi ordinaire. (Art. 1003 et suiv., C. proc. civ.) (2)

----

(1) Cette vérité ressort, jusqu'à l'évidence, des principes sur le louage d'ouvrage, qui embrassent tous les ouvriers. (V. notre *Préface* et *le Contrat de Louage*, particulièrement la note à la p. 171.)

(2) Le compromis doit spécifier, à peine de nullité, l'objet du litige et le nom des arbitres. La désignation pourrait être suffi-

4e RÈGLE. — « Les Prud'hommes ne sont compétents que pour les contestations qui divisent les fabricants et les ouvriers entre eux. »

Celles qui s'élèvent *entre fabricants* ne regardent pas le Conseil (1). C'est pourquoi la Cour de Cassation a jugé que les Prud'hommes ne peuvent pas prononcer sur la demande d'un fabricant de draps qui, ayant donné à un filateur des laines à filer, se plaint de la manière dont les laines sont filées. (A. du 2 février 1825, Sirey, vol. 25, p. 1, p. 403.)

Il faut aussi que le différend, né entre un fabricant et un ouvrier, concerne leur branche *commune* d'industrie. La Cour royale de Rouen a décidé, avec raison, qu'une demande formée contre un filateur par un serrurier, pour travaux de serrurerie étrangers à la fabrique, n'est pas de la compétence des Prud'hommes. (A. du 25 février 1811, Sirey, vol. 11, p. 2, p. 233.)

S'il existe, au même lieu, deux ou plusieurs Con—

---

sante en la personne collective du Conseil; mais il s'agirait de savoir si le Conseil, comme *Tribunal*, a le droit d'accepter un arbitrage, sans violer le principe sur l'ordre des juridictions. Ce qui est plus sûr, c'est de donner le compromis à des membres distincts et dénommés qui statueront hors l'audience. On comprend que de pareilles difficultés rendent cet arbitrage fort rare. Si la loi ne donne pas aux Prud'hommes juridiction sur toutes les industries, il conviendra du moins qu'elle leur confère une prorogation de juridiction en faveur des industries exceptées. La simple conciliation ne nécessite pas de compromis.

(1) Il y a exception quant aux marques de fabrique. (V. l'art. 4 du 11 juin 1809, et l'art. 8 du 5 sept. 1810. »

seils, le fabricant ou l'ouvrier qui exerce à la fois des industries comprises sous des Conseils différents, est justiciable de chacun d'eux à raison de l'espèce de fabrique qu'il régit.

Les contestations les plus délicates sont celles qui intéressent les apprentis. (Voir notre *Contrat d'apprentissage.*)

5e RÈGLE. — « Il faut que les parties soient domiciliées ou résidentes dans le ressort du Conseil. » (V. nos observ. sur l'art. 11 du décret du 11 juin 1809.)

6e ET DERNIÈRE RÈGLE. — « Lorsque toutes les conditions ci-dessus concourent, la compétence du Conseil est acquise, quelle que soit la valeur de l'objet en litige. »

Sauf l'appel au-delà de la somme fixée. V. l'art. 1er du décret du 3 août 1810.

Conclusion. — En cas d'incompétence pour quelque cause que ce soit, le défendeur peut opposer le déclinatoire, et les Prud'hommes, selon les cas, doivent même le prononcer d'*office*. V., sur ce point, art. 32 du décret du 11 juin 1809.

Nous indiquerons le mode de conciliation, art. 32 et suiv. du même décret.

Art 9. A cet effet, il sera tenu chaque jour, depuis onze heures du matin jusqu'à une heure, un bureau de conciliation, composé d'un prud'homme fabricant et d'un prud'homme chef d'atelier, devant lesquels se présenteront en personne les parties en contestation.

L'article 21 du décret du 11 juin 1809, en supprimant la fixation de l'heure, l'a subordonnée, suivant nous, aux besoins et à la convenance de chaque localité (le voir).

Ici, l'égalité la plus parfaite est établie, dans le bureau, quant aux juges, puisqu'il est composé d'un fabricant et d'un ouvrier : il remplit en quelque sorte tout l'office de la juridiction. Les statistiques judiciaires prouvent que la conciliation éteint quatre-vingt-seize ou quatre-vingt-dix-sept difficultés sur cent. (V. *Comp.*, p. 445 (1). — V. la note sur l'art. 1ᵉʳ.

Ce bureau s'appelle aussi bureau *particulier*.

Art. 8. Il se tiendra une fois par semaine, au moins, un bureau *général* du Conseil de Prud'hommes, lequel pourra prononcer, au nombre de *cinq* membres au moins, ainsi qu'il est dit dans l'article précédent, sur tous les différends qui lui auront été renvoyés par le bureau de conciliation.

Voir les observations sur les articles 21 et 23 du décret du 11 juin 1809, qui rappellent notre article, sauf une augmentation du nombre des membres réputés nécessaires.

Art. 9. Tout différend portant une somme supérieure à celle de soixante francs, qui n'aura pu être terminé par la voie de conciliation, sera porté devant le tribunal de commerce ou devant les tribunaux compétents.

Cette disposition a été successivement agrandie par

(1) V. encore le rapport qui précède l'ordonnance faite pour Paris.

l'article 23 du décret du 11 juin 1809 et l'article 1er du décret du 3 août 1810. (Les voir.)

SECTION II.

DES CONTRAVENTIONS AUX LOIS ET RÈGLEMENTS.

Art. 10. Le Conseil sera spécialement chargé de constater, d'après les plaintes qui *pourraient lui être adressées*, les contraventions aux lois et règlements nouveaux ou remis en vigueur.

Cette mission, confiée aux Prud'hommes, constitue l'une de leurs *attributions* spéciales. Quoique les décrets postérieurs ne l'aient pas rappelée, elle n'en subsiste pas moins, et elle a une grande importance.

On voit de suite que la loi sort ici du cercle des différends qui peuvent s'élever entre fabricants et ouvriers. L'objet de l'article 10 est plus spécialement, sinon exclusivement, relatif aux fabricants entre eux.

Il est à regretter que la loi n'ait précisé ni la nature des contraventions, ni les lois et règlements dont il s'agit. En consultant les motifs et l'esprit de l'institution, nous croyons que les contraventions dont les Prud'hommes constateront l'existence, sont uniquement celles qui *intéressent les fabriques et les personnes placées dans le ressort du Conseil.*

Lorsque la loi dispose que le Conseil des Prud'hommes constate les contraventions d'après les plaintes qui lui *sont adressées*, elle veut dire très-clairement qu'il n'a pas le droit d'agir *d'office* ; il faut donc qu'il en soit requis par les parties lésées.

Nous pensons aussi qu'elles doivent porter leur plainte au bureau général, parce que lui seul est la représentation exacte du Conseil. Le bureau peut, s'il le juge nécessaire, entendre le plaignant, avant de statuer sur sa requête (1).

Bien que la loi ne confère pas explicitement ce droit au président seul, nous sommes disposés à croire qu'elle le lui reconnaît dans les cas d'urgence, car le recours aux Prud'hommes serait souvent impossible, à cause du retard fâcheux que la réunion du bureau général pourrait occasionner. Nous verrons, par d'autres exemples, qu'il est souvent besoin de donner au texte insuffisant de la loi une interprétation plus conforme à son esprit (2).— V. l'art. 29 du D. de 1809.

Les objets formant pièces de conviction pourront être saisis par les Prud'hommes. (V. art. 11 et 13, § 2.)

La réquisition peut leur être faite verbalement. (Même art. , § 1er.)

Lorsque la loi parle des règlements *remis en vigueur,*

_____

(1) Le plaignant expose dans sa requête, même sur papier non timbré, les circonstances de la contravention commise à son préjudice, et il demande qu'un procès-verbal en soit rédigé par les Prud'-hommes. (V. l'art. 11 qui suit.)

(2) Il conviendra que le législateur exprime sa volonté en termes positifs sur ce point et tous autres analogues.

3.

elle veut sans doute parler des dispositions nouvelles qui ont pu rappeler les anciens règlements ; car, depuis les lois de la révolution qui les ont abolis, je ne sache pas qu'aucun ait été textuellement rétabli. (V. cependant la note, *Comp.*, p. 346, et ci-après le décret du 5 juillet 1810, p. 167.)

Les contraventions à constater sont de deux sortes. Les Prud'hommes connaissent des unes comme juges conciliateurs ou vérificateurs, ainsi que nous le verrons ; pour les autres, et ce sont les plus nombreuses, ils sont simplement chargés de les constater. (V. l'article 11.)

Voici les premières :

1º Celles concernant les modèles, les dessins et les marques en général (art. 14 ci-après et 4 du décret du 11 juin 1809) ;

2º Les contraventions réputées délits de simple police par le décret du 3 août 1810 ;

3º Les contraventions relatives à la marque particulière des ouvrages de quincaillerie (art. 8 et 9 du décret du 5 septembre 1810) ;

4º Celles qui regardent les lisières de draps (art. 8 du décret du 22 décembre 1812) ;

5º Celles relatives aux draps destinés pour le commerce du Levant (art. 11 et 20 du décret du 21 septembre 1807, dont l'exécution est confiée aux Prud'hommes) ;

6º Celles qui touchent à la fabrication d'étoffes et

tissus de la nature de ceux prohibés (art. 3 de l'ordonnance royale du 8 août 1816 , les chargeant d'en vérifier la marque et la fabrication);

7º Celles qui concernent les marques des savons (décrets des 1ᵉʳ avril 1811, 18 septembre 1811 et 22 décembre 1812) (1) .

Les contraventions de la seconde catégorie résultent du Code pénal ou de lois particulières. Ce sont :

Les contraventions déclarées par le Code pénal, art. 222, 223, 413, 414, 415, 416, 417, 418, 419, 420, 423, 424 , 440 et 443 (V. *Comp.*, p. 350), et dans ce nombre se trouvent les coalitions de maîtres et d'ouvriers.

Les contraventions déclarées par des textes particuliers, sont tellement multipliées, que nous nous bornerons à indiquer les plus fréquentes , savoir :

Les contraventions à la nouvelle loi du 5 juillet 1844 sur les brevets d'invention; à l'arrêté du 20 floréal an XIII, contenant règlement sur la guimperie ; au décret du 14 décembre , fixant la longueur des fils d'étoffes ; à la loi du 28 juillet 1824, sur l'altération et la supposition des noms de fabrique ; à l'ordonnance royale du 8 avril 1829 , relative au mode de dévidage, etc. (V. *Comp.*, p. 352.)

Nous devons faire observer que la constatation de toutes ces contraventions serait de nature à causer aux Prud'hommes une surcharge énorme de travail. Comme

____

(1) Voir ci-après, ces divers textes, dans la 2ᵉ *partie.*

elle peut être opérée par les agents de la police ordinaire ou administrative, nous conseillons aux parties de s'adresser à ces derniers, à moins qu'il ne s'agisse de faits compris dans la première série, et dont la connaissance appartient aux Prud'hommes. A Paris, l'exécution de la loi, prise dans son application la plus étendue, leur serait presque impossible.

Art. 11. Les procès-verbaux dressés par les Prud'hommes pour constater les contraventions, seront renvoyés aux tribunaux compétents, ainsi que les objets *saisis.*

Il résulte de cet article, qu'en constatant les contraventions, les Prud'hommes ont le droit de saisir les objets formant le corps du délit. Mais la validité de ces saisies ne peut être prononcée que par les tribunaux qui sont compétents pour juger les contraventions. Il y a exception pour les marques de coutellerie et de quincaillerie. (V. art. 8 du déc. du 5 septembre 1810, 2e partie.)

L'article 11 ne dit pas que tous les membres du Conseil procèderont à l'opération. Nous sommes d'avis, par induction de l'article 13 ci-après, qu'elle peut être faite par deux membres du Conseil seulement, que le bureau général ou le président aura délégués, l'un fabricant, l'autre chef d'atelier ou ouvrier.

L'assistance d'un officier public, exigée par le même article 13, ne nous paraît nécessaire que dans le cas où il faudrait, pour la constatation, pénétrer dans le domicile ou les ateliers du contrevenant (1). (V. notre observation sur l'art. 13, ci-après.)

Le procès-verbal, rédigé sur papier timbré (2), est signé par les deux Prud'hommes, et par le plaignant, s'il est présent et sait écrire.

Le secrétaire assiste à l'opération, écrit et signe le procès-verbal. (Arg. de l'article 46 du décret du 11 juin 1809. — Le voir.)

Le procès-verbal est authentique, et *fait foi* de son contenu, jusqu'à inscription de faux, parce que les Prud'hommes, et le secrétaire lui-même, ont le caractère *d'officiers publics*. (Art. 1317, C. civ.) Voir *Comp.*, p. 359, et ci-après p. 87.

C'est le Conseil, siégeant en bureau général, qui statue sur le renvoi, aux tribunaux compétents, du procès-verbal dressé et des objets saisis. (Arg. des art. 9, 10 et 13; V. notre observ. sur l'art. 9.) Il doit, en effet, reconnaître cette compétence, en appréciant la nature du fait d'où procède la contravention. S'il s'agit d'une contrefaçon de dessins de fabrique, il renverra au tribunal de commerce qui est appelé à la

---

(1) La formule du procès-verbal varie suivant la nature de la contravention. Il constate le fait incriminé, et, s'il y a saisie, il décrit les objets saisis. Il mentionne les noms des Prud'hommes procédant, ceux de la partie plaignante, *sa réquisition,* sa présence, sa signature, ou son impuissance de signer.

(2) Pour le timbre et l'enregistrement des actes émanant de la juridiction des Prud'hommes, il faut consulter, dans l'*Appendice,* l'*instruction* du directeur général de l'enregistrement.

juger au civil. (V. ci-après, art. 14 et suiv.) S'agit-il de
la contrefaçon d'un brevet d'invention , il renverra devant le tribunal civil, etc.; — ou bien, il ordonnera le
renvoi au procureur du roi, lorsque le plaignant aura
suivi la voie correctionnelle (1).

Le procès-verbal et les objets renvoyés peuvent être
adressés , en exécution de la décision du bureau général , par lettre du président du Conseil , au président
du tribunal de commerce ou du tribunal civil, dans les
deux premiers cas , et au procureur du roi, s'il y a
instance criminelle (2).

S'il s'agit de la contrefaçon à une marque particulière de quincaillerie et de coutellerie , les Prud'hommes
en étant juges, retiennent les procès-verbaux et les
objets saisis, pour instruire , concilier ou juger l'affaire.
(V. ci-après art. 8 du décret du 5 septembre 1810.)
Ils peuvent aussi les retenir, lorsque la contrefaçon
porte sur une marque générale de fabrique, car nous
verrons qu'ils sont appelés , par les articles 6 et 12 du
décret de 1809, à concilier les parties ou à exprimer
un avis motivé.

Art. 12. Le Conseil des Prud'hommes constatera égale-

----

(1) Nous ne pensons pas qu'on puisse considérer le renvoi comme un
jugement. La loi ne prescrivant pour sa rédaction aucune forme particulière, il suffit, d'après notre principe (v. ci-dessus, art. 10),
que le renvoi soit mentionné en marge du procès-verbal, et signé
par les membres du bureau.

(2) Cette lettre se borne à annoncer l'envoi.

ment, sur les plaintes *qui lui seront portées,* les soustractions de matières premières qui pourraient être faites par les ouvriers au préjudice des fabricants, et les infidélités commises par les teinturiers.

La soustraction constatatée de matières premières constitue un vol ou un abus de confiance, selon les circonstances : un *vol,* si le chef d'atelier, le contre-maître, l'ouvrier, le compagnon ou l'apprenti a commis la soustraction dans la maison, l'atelier ou le magasin du fabricant, et dans ce cas, il y a crime, (art. 386 3° du C. pén.) ; un *abus de confiance,* si l'ouvrier, quel qu'il soit, a reçu du fabricant les matières premières à titre de dépôt, ou pour un travail salarié, à la charge de les rendre ou représenter, ou d'en faire un usage ou un emploi déterminé, et dans ce cas, il y a simple délit (art. 408, même Code).

Les recels, en tout ou partie, des matières premières ou des marchandises volées ou détournées, s'ils ont été commis par des chefs d'ateliers, contre-maîtres, ouvriers, compagnons et autres personnes employées dans la fabrique, sont punis des mêmes peines. (Art. 62.) Il en est ainsi, pour les cas de complicité. (Art. 60.)

La loi ne définit pas ce qu'elle entend par les *infidélités* commises par les teinturiers. Elle comprend par ce mot le détournement ou l'altération frauduleuse des couleurs ou des tissus à eux remis par le fabricant, ce qui rentre dans les soustractions ou détournements, punis par l'article 408 du Code pénal.

Le jugement criminel de ces faits excède la compétence des Prud'hommes. (V. l'art. 13 qui suit.) Cependant, si le fabricant préfère suivre la voie civile, il peut citer l'ouvrier infidèle, devant eux, à fin de restitution et de dommages-intérêts. (V. l'art. 3 du Code d'instruction criminelle.)

Art. 13. Les Prud'hommes, *dans les cas ci-dessus,* et sur la réquisition verbale ou écrite des parties, pourront, au nombre de deux au moins, assistés d'un officier public, dont un fabricant et un chef d'atelier, faire des visites chez les fabricants, chefs d'atelier, ouvriers et compagnons.

Les procès-verbaux constatant les soustractions ou infidélités seront adressés au bureau général des Prud'hommes, et envoyés, ainsi que les objets formant pièces de conviction, aux tribunaux compétents.

Cet article et le précédent consacrent de nouveau le principe que les Prud'hommes n'ont pas le droit d'agir d'office.

L'assistance de l'officier public est exigée pour justifier leur introduction dans un domicile *étranger* autre que celui du plaignant.

L'officier public qui doit assister les Prud'hommes, n'est pas désigné par la loi; elle veut parler d'un officier de la police judiciaire ou administrative, le maire, son adjoint ou le commissaire de police. (V. *Compétence*, p. 358.)

Pour le renvoi des procès-verbaux et objets saisis, il faut appliquer ce que nous avons dit sur l'art. 11 (1).

SECTION III.

DE LA CONSERVATION DE LA PROPRIÉTÉ DES DESSINS.

Art. 14. Le Conseil des Prud'hommes est chargé des mesures conservatrices de la propriété des dessins.

Les *dessins* dont il s'agit sont ceux que les fabricants de soieries, d'étoffes de tous genres, de châles, de bronzes, d'orfèvrerie, etc., composent pour donner la forme ou la couleur aux produits de leurs diverses fabriques.

Une jurisprudence constante assimile aux dessins les *modèles* qui remplissent pour quelques unes de ces industries et d'autres la même destination. La loi s'applique aux uns et aux autres. Variant à l'infini, les — dessins et modèles sont pour le fabricant une propriété d'autant plus précieuse, qu'elle lui coûte souvent un déboursé considérable et qu'elle influe puissamment sur le succès de sa fabrique.

Le nouveau projet de loi présenté par M. le Ministre du commerce sur *les modèles et dessins de fabrique* propose, sans exprimer aucun motif, de retirer aux Prud'hommes la mission que l'art. 14 leur confie et

____

(1) De même, pour la rédaction de ces actes.

que les décrets postérieurs ont maintenue ; mais, sur la réclamation du Conseil des Prud'hommes de Paris et de plusieurs autres, la commission de la chambre des pairs, saisie du projet, l'a réformé en ce point (V. ci-après l'art. 15.)

Voir l'art. 18 sur la durée de cette propriété.

Art. 15. Tout fabricant qui voudra pouvoir revendiquer par la suite, devant le tribunal de commerce, la propriété d'un dessin de son invention, sera tenu d'en *déposer*, aux archives du Conseil des Prud'hommes, un *échantillon* plié sous enveloppe revêtue de ses cachet et signature, sur laquelle sera également apposé le cachet du Conseil des Prud'-hommes.

Il résulte de cet article que la première mesure à prendre par le fabricant, pour la conservation de ses dessins et modèles, consiste à en faire le dépôt au secrétariat du Conseil des Prud'hommes dont il est justiciable.

Le dépôt est une formalité essentielle. S'il ne prouve pas, à lui seul, la propriété des dessins et modèles, laquelle ne peut procéder que de *l'invention* (V. *Compétence*, p. 276), il conserve au déposant cette propriété, comme le dépôt le fait pour les marques (V. art. 4 et suivants du décret du 11 juin 1809); comme le brevet d'invention, pour les autres conceptions industrielles.

Jusqu'au dépôt, le dessin ou modèle n'est la pro-

______

(1) Voir les observations que nous avons rédigées et publiées.

priété de personne, à moins que le fabricant ne justifie, par d'autres documents, qu'il est réellement inventeur.

La réception du dépôt est la seule mission qui appartienne aux Prud'hommes, puisque la loi renvoie les questions qui touchent à sa validité ou à la propriété des dessins et modèles devant le tribunal de commerce. Le décret du 11 juin 1809, art. 6, en ordonnant aussi le dépôt des marques de fabrique aux Prud'hommes, veut de plus qu'avant la contestation, ils soient appelés à tenter une conciliation, sinon à donner leur avis préalable et motivé. La contravention des dessins et modèles étant complètement assimilable à celle des marques, les Conseils des Prud'hommes ont encore demandé que la loi projetée leur conférât de même, pour les modèles et dessins, le pouvoir de concilier les parties ou d'exprimer un avis (1), et la commission des pairs n'a pas hésité à accueillir cette juste réclamation. En effet, les Prud'hommes sont aptes, plus que tous autres magistrats, à exercer avec succès, et sans une expertise toujours coûteuse, un préliminaire aussi important.

La loi voulant que l'échantillon déposé soit remis sous enveloppe cachetée, les Prud'hommes n'ont point à examiner la nature de cet objet lors du dépôt (2).

----

(1) Nous avions exprimé ce vœu dans notre *Compétence*, p. 316.

(2) Le projet ministériel maintient la formalité du cachet, sauf quelques modifications accessoires.

La loi ne défend pas de déposer sous la même enveloppe plusieurs échantillons à la fois (1).

Par le mot *échantillon*, elle comprend tout dessin ou modèle : c'est le terme de fabrique.

Art. 16. Les dépôts de dessins seront inscrits sur un registre tenu *ad hoc* par le Conseil des Prud'hommes, lequel délivrera aux fabricants un certificat rappelant le numéro d'ordre du paquet déposé et constatant la date du dépôt.

Le registre, en papier timbré, est paraphé et coté par le président du Conseil. (Arg. de l'art. 8 du décret du 11 juin 1809, sur le registre des marques de fabrique.)

L'inscription qui constitue le procès-verbal de dépôt n'est pas assujettie à l'enregistrement (2). Cette formalité n'est exigée que pour le certificat qui doit être délivré sur papier timbré, et elle a lieu *gratis*, aux termes d'une décision ministérielle du 20 juin 1809. (V. l'*instruction* dans l'appendice.)

Dans l'usage, le certificat est signé par le secrétaire

---

(1) Nous croyons qu'il serait préférable, dans la nouvelle loi, d'exiger que chaque objet fût placé sous une enveloppe séparée, bien que le même fabricant dépose plusieurs objets en même temps. De cette manière, si l'un d'eux seulement est contrefait, on ne sera pas obligé de briser l'enveloppe pour tous. Un seul droit serait dû sur le dépôt simultané. (V. ci-après le tarif, art. 59 du décret de 1809.)

(2) Elle énonce, en termes très-succincts, l'objet déposé *d'après la déclaration* du déposant; elle mentionne la réserve du temps de propriété faite par lui, aux termes de l'art. 18 ci-après. Le procès-verbal doit être signé par le déposant. (V. cet article.) Le certificat ne fait que reproduire l'extrait du procès-verbal, constatant la date du dépôt.

seul : nous pensons qu'il conviendrait que le président le signât aussi, soit pour donner plus de certitude à la date du dépôt, soit pour mieux constater l'intervention du conseil prescrite par la loi.

La date légale du dépôt résulte de l'inscription portée sur le registre timbré, encore que le certificat soit délivré depuis. (V. l'art. qui suit.)

Le certificat est un acte authentique qui fait foi de son contenu. (V. ci-dessus art. 12.)

Voir au surplus, l'art. 18 ci-après.

Art. 17. En cas de contestation entre deux ou plusieurs fabricants sur la propriété d'un dessin, le Conseil des Prud'hommes procèdera à l'ouverture des paquets qui auront été déposés par les parties ; il fournira un certificat indiquant le nom du fabricant qui aura *la priorité de date.*

La loi suppose ici que la contestation s'élève entre deux ou plusieurs fabricants ayant déposé le même dessin ou modèle.

Elle est fort peu précise dans sa disposition. Elle ne dit point comment la demande à fin d'ouverture devra être présentée par eux, collectivement ou individuellement. Nous croyons que chacun d'eux a le droit de former sa demande séparée, sans appeler les autres fabricants dont il peut ignorer le dépôt.

La demande sera écrite ou verbale. (Arg. de l'art. 13.)

Le conseil procèdera en bureau général (susdit article), et même en l'absence des parties.

Si l'une d'elles s'opposait à l'ouverture, la difficulté

serait jugée préalablement par le tribunal de commerce.

La priorité de date à constater, c'est la priorité du dépôt qui a eu lieu. Le bureau est juge en ce point.

Si la validité du dépôt est contestée, le différend rentre, comme le fond du procès, dans la compétence du tribunal de commerce.

Pour constater l'identité des échantillons déposés, les Prud'hommes, après avoir ouvert les paquets, devront apposer leur visa et leur cachet sur les échantillons et les enveloppes qui seront annexés au certificat d'*ouverture*.

La loi n'indique encore aucune forme pour la rédaction de ce certificat. D'après notre principe d'application qui tend à simplifier le mode de procéder, nous pensons que cet acte, bien qu'émanant du bureau général, ne doit pas être rédigé en minute. Il suffit que le certificat soit délivré en brevet sur papier timbré, et signé par le président et le secrétaire seulement (1).

Celui-ci mentionne l'ouverture des paquets, en marge de l'inscription (ou procès-verbal) portée sur le registre des dépôts, et se fait donner par les parties une décharge de la remise.

Il suffit aussi que le président et le secrétaire signent le visa mis sur les échantillons.

____

(1) La formule est fort simple. En rappelant l'objet du dépôt, le certificat constate la réquisition d'ouverture et la *date* du dépôt.

Aucun droit n'étant alloué au secrétaire pour ces actes (voir le tarif du décret du 11 juin 1809), il n'en peut pas réclamer. Toutefois, dans quelques localités, il est autorisé par le conseil à recevoir une rétribution que celui-ci a fixée.

Art. 18. En déposant son échantillon, le fabricant déclarera s'il entend se réserver la propriété exclusive, pendant une, trois ou cinq années, ou *à perpétuité* (1) ; il sera tenu note de cette déclaration.

A l'expiration du délai fixé par ladite déclaration, si la réserve est temporaire, tout paquet d'échantillon, déposé sous cachet dans les archives du conseil, devra être transmis au Conservatoire des arts de la ville de Lyon, et les échantillons y contenus être joints à la collection du Conservatoire.

Il nous paraît résulter du premier paragraphe ci-dessus, que la déclaration du fabricant doit être signée par lui. S'il ne sait ou ne peut pas écrire, le procès-verbal et le certificat de dépôt le mentionneront. Il peut faire opérer le dépôt et la déclaration par un fondé de procuration spéciale et enregistrée.

Le déposant qui ne veut point réclamer une propriété perpétuelle, n'a pas le droit, suivant nous, de déclarer qu'il entend la conserver pour un temps excé-

______

(1) *A perpétuité.* Ce droit perpétuel est une anomalie remarquable avec les lois du 7 janvier 1791, 19 juillet 1842 et 5 juill. 1844, qui limitent la propriété des industries brevétées, à quinze ans au plus, et celle des ouvrages d'art à la vie de l'auteur. Le projet ministériel propose sur ce point de très-graves modifications.

dant cinq années. Et le secrétaire du conseil doit se refuser à une semblable déclaration, parce qu'en fixant d'une manière précise les termes de la déclaration, la loi a exigé que le déposant s'y conformât. C'est au déposant à profiter de l'alternative qui lui est donnée, mais sans en sortir. (V. la note sur l'art. 18.)

La disposition du deuxième paragraphe ne peut recevoir son exécution que dans les grandes villes manufacturières, comme Lyon, Paris, Rouen.

Art. 19. En déposant son échantillon, le fabricant acquittera, entre les mains du receveur de la commune, une indemnité qui sera réglée par le Conseil des Prud'hommes, et ne pourra excéder un franc pour chacune des années pendant lesquelles il voudra conserver la propriété exclusive de son dessin, et sera de dix francs pour la propriété perpétuelle.

L'indemnité ne peut être réglée par le conseil qu'en bureau général; elle est perçue au profit de la commune où il est établi. Nous croyons qu'il a le droit de déterminer cette indemnité par avance, et suivant un tarif (1).

Le secrétaire ne doit pas inscrire le dépôt avant la justification du payement, malgré l'urgence alléguée, sinon il se rendrait responsable du recouvrement.

Voir, article 17, ce que nous avons dit quant au droit du secrétaire.

(1) Le projet de loi apporte aussi des changements à cet égard. Il fixe, avec raison et d'une manière uniforme, le droit à payer.

TITRE III.

DES RÈGLEMENTS DE COMPTE, ET DE LA POLICE ENTRE LES MAÎTRES D'ATELIER ET LES NÉGOCIANTS.

Art. 20. Tous les chefs d'atelier actuellement établis, ainsi que ceux qui s'établiront à l'avenir, seront tenus de se pourvoir, au Conseil des Prud'hommes, d'un *double livre d'acquit* pour chacun des métiers qu'ils feront travailler, dans la quinzaine, à dater du jour de la publication, pour ceux qui travaillent, et dans la huitaine du jour où commenceront à travailler ceux qu'ils monteront à neuf.

Sur ce livre d'acquit, paraphé et numéroté, et qui ne pourra leur être refusé, lors même qu'ils n'auraient qu'un métier, seront inscrits les noms, prénoms et domicile du chef d'atelier.

Cette disposition et celles qui composent le titre entier, s'appliquent plus particulièrement à la fabrique de soieries et à celles analogues. Nous en avons présenté le commentaire dans notre *Louage d'Ouvrage et — d'Industrie*, pour tout ce qui regarde ce contrat, p. 125 et suiv. Ici, nous bornerons nos explications aux points qui touchent à la juridiction.

Le *livre d'acquit* dont parle la loi, est une espèce de *livret*, en papier timbré, et d'un modèle uniforme, dressé par le Conseil de Prud'hommes, d'après les convenances et les besoins de la localité.

Il est paraphé et numéroté par le président.

Il doit contenir la désignation exacte du métier auquel il s'applique.

C'est la commune qui paye la dépense des livres d'acquit.

Les deux doublès du livre d'acquit sont délivrés par le secrétaire au chef d'atelier qui les réclame. Cette remise est gratuite, sauf le payement du timbre.

Art. 21. Il sera tenu, au Conseil des Prud'hommes, un *registre* sur lequel lesdits livres d'acquit sont inscrits; le chef d'atelier signera, s'il le sait, sur le registre et sur le livre d'acquit qui lui sera délivré.

Ce registre, tenu par le secrétaire, peut être en papier non timbré (1); il doit être paraphé par le président.

Il serait à désirer que le secrétaire vérifiât l'identité du métier auquel l'inscription se rapporte.

Aucun droit n'est alloué au secrétaire pour l'inscription (2). (V. le tarif du même décret.)

Art. 22. Le chef d'atelier déposera le livre d'acquit du métier qu'il destinera au négociant manufacturier, entre ses mains, et pourra, s'il le désire, en exiger un récépissé.

Art. 23. Lorsqu'un chef d'atelier cessera de travailler pour un négociant, il sera tenu de faire noter sur le livre d'acquit, par ledit négociant, que le chef d'atelier a *soldé* son

---

(1) Nous avions émis l'opinion contraire dans notre *Comp.*, n° 332; mais la formalité du timbre n'est pas exigée, parce que l'on considère la tenue du registre comme une mesure d'ordre public. (V. l'*instruction* dans l'appendice.)

(2) L'inscription se borne à constater la désignation du métier, la réception du livre d'acquit, la signature du preneur, ou son défaut de savoir signer.

compte, ou, dans le cas contraire, la déclaration du négociant spécifiera *la dette* dudit chef d'atelier.

Art. 24. Le négociant, possesseur du livre d'acquit, le fera viser aux autres négociants occupant des métiers dans le même atelier, qui énonceront la somme due par le chef d'atelier, dans le cas où il serait leur débiteur.

Art. 25. Lorsque le chef d'atelier restera débiteur du négociant manufacturier pour lequel il aura cessé de travailler, celui qui voudra *lui donner de l'ouvrage* fera la promesse de retenir la *huitième* partie du prix des façons dudit ouvrage, en faveur du négociant dont la créance sera *la plus ancienne* sur ledit registre (v. l'art. qui suit), et ainsi successivement, dans le cas où le chef d'atelier aurait cessé de travailler pour ledit négociant, du consentement de ce dernier, ou pour cause légitime; dans le cas contraire, le négociant manufacturier qui voudra occuper le chef d'atelier, sera tenu de solder celui qui sera resté créancier en compte de matières, nonobstant toute dette antérieure, et le compte d'argent jusqu'à 500 francs.

S'il s'élève une difficulté entre le chef d'atelier et le fabricant créancier sur la légitimité de la cause qui a pu porter celui-là à cesser de travailler pour le fabricant, elle sera jugée par les Prud'hommes; mais toute contestation entre deux fabricants sortirait de leur compétence, suivant la quatrième de nos règles exposées plus haut, art. 6.

Art. 26. La date des dettes que les chefs d'atelier auront contractées avec les négociants qui les auront occupés, sera regardée comme *certaine* vis-à-vis des négociants et maîtres d'atelier seulement, et, à l'effet des dispositions portées au présent titre, après l'apurement des comptes, l'inscription de la déclaration sur le livre d'acquit et le visa du bureau des Prud'hommes.

La loi suppose que l'apurement des comptes a eu lieu amiablement. En cas de difficulté, il convient d'appliquer notre observation sur l'art. précédent.

Le visa peut être donné par le bureau particulier des Prud'hommes ; il ne s'agit que de l'accomplissement d'une formalité.

Art. 27. Lorsqu'un négociant manufacturier aura donné de l'ouvrage à un chef d'atelier *dépourvu de livre d'acquit* pour le métier que le négociant voudra occuper, il sera condamné à payer comptant tout ce que ledit chef d'atelier pourrait devoir en compte de matières, et en compte d'argent jusqu'à 500 francs.

Art. 28. Les déclarations ci-dessus prescrites seront portées par le négociant manufacturier sur le livre d'acquit resté entre les mains du chef d'atelier, comme sur le sien.

Voir notre *Louage*, p. 128 et suiv. sur tous ces art.

—

TITRE IV.

DISPOSITIONS DIVERSES.

Art. 29. Le Conseil des Prud'hommes tiendra un registre exact *du nombre de métiers* existants et *du nombre d'ouvriers* de tous genres employés dans la fabrique, pour lesdits renseignements être communiqués à la chambre de commerce, toutes les fois qu'il en sera requis.

A cet effet, les Prud'hommes sont autorisés à faire dans

les ateliers une ou deux inspections par an , pour recueillir les informatious nécessaires.

« Cet article qui rappelle les fonctions des anciens inspecteurs des manufactures, dit M. Regnaud de Saint-Jean-d'Angely en exposant les *motifs de la loi*, présente un intérêt général et d'ordre public ; il tend à constater la *décroissance* ou la *prospérité* de l'industrie, dont les membres de la chambre de commerce deviennent les organes près de l'administration supérieure. » (V. *Comp.* p. 398.)

Le décret du 11 juin 1809 a maintenu et régularisé cette disposition en l'étendant à toutes les fabriques, et en imposant de sages conditions au droit de visite. (V. les art. 46, 64 et 65.) Cependant la mesure dont les termes de la loi restreignent l'objet à une sorte de recensement, n'a reçu d'exécution nulle part depuis l'institution des Conseils de Prud'hommes. Ils ont craint partout qu'elle ne ressemblât à une inquisition et ne portât de l'inquiétude dans les esprits. Elle leur a paru, d'ailleurs, d'une exécution difficile dans les villes de fabrique considérables (1).

La loi et le décret ne disent pas si les Prud'hommes doivent procéder à leur mission en bureau général ou

____

(1) Réduite aux termes du texte de la loi , la mission serait à peu près illusoire. (V. notre *Comp.*, p. 338.) Il est important que le législateur en précise mieux l'objet. Prise au point de vue de l'orateur de la loi de 1806, elle est propre à rendre des services à l'industrie; mais il s'agit de savoir, avant tout, si l'exécution en est possible.

Ne confondons pas cette visite avec celles des art. 13 ci-dessus, et 46 du décret de 1809.

par délégation d'un ou plusieurs de ses membres. Nous pensons que deux membres, l'un fabricant, l'autre chef d'atelier, peuvent procéder, pourvu qu'ils soient délégués *ad hoc* par le bureau. Nous nous fondons sur l'art. 13 de la loi, lequel règle ainsi ce mode *de constater* des actes bien plus graves, les soustractions et infidélités commises. (V. plus haut cet article.) Le transport du bureau général ou de la majorité de ses membres (les deux tiers) serait impraticable.

Inutile que les deux Prud'hommes délégués se fassent assister d'un officier public, comme dans le cas de l'art. 13. Ici, la loi ne le commande pas. L'art. 63 du décret de 1809 (le voir) réduit évidemment cette assistance à *une simple faculté* de leur part.

Le registre exigé ne sera pas timbré, la loi gardant encore le silence sur ce point ; le président le cotera et paraphera (1). (V. l'*Instruction* dans l'*Appendice*.)

Art. 30. Les fonctions des Prud'hommes négociants fabricants sont *purement gratuites*.

C'est ce que répète l'art. 32 avec plus de développement. (V. ci-après).

M. Regnaud de Saint-Jean-d'Angely, rapporteur de

---

(1) Le procès-verbal à inscrire sur le registre doit seulement constater le nombre des métiers et ouvriers, si l'on s'en tient à la lettre de la loi. Il mentionnera les réclamations présentées par les fabricants et même les ouvriers sur les intérêts et besoins généraux de l'industrie, si l'on donne à la visite l'extension qui résulte des motifs du gouvernement.

la loi, a fait remarquer que les ouvriers ne sont pas toujours en situation de sacrifier à un devoir public le produit de leur travail quotidien. A Lyon, quelques ouvriers ont réclamé et obtenu une indemnité annuelle qui est payée par la ville ainsi que les autres dépenses du Conseil. Toutefois, la loi n'accorde point l'indemnité aux Prud'hommes ouvriers, en termes exprès, bien qu'une pareille demande soit favorable. (V. l'art. 32 ci-après.)

Art. 31. Il sera attaché au Conseil des Prud'hommes un sécrétaire et un commis, avec mille francs.

Cette disposition est reproduite et développée par l'art. 26 du décret du 11 juin 1809. (Le voir ainsi que nos observations.)

Le secrétaire fait l'office du *greffier* des tribunaux. (V. une différence dans notre *Comp.*, p. 81.)

Le décret ne parle plus du commis, mais il le conserve implicitement. Le commis aide et supplée le sécrétaire dans l'exercice de ses fonctions. Il est nommé, comme lui, par les Prud'hommes, et il prête serment devant eux. (V. l'art. 26 du décret.)

Si la loi fixe à 1,000 fr. chacun les traitements du secrétaire et du commis de Lyon, cette fixation n'est pas une règle à suivre ni là ni ailleurs. Les traitements sont réglés et payés par la commune où siége le Conseil. (V. les art. 58 et 69 du décret du 11 juin 1809.)

Art. 32. Toutes les fonctions des Prud'hommes et de leur bureau seront entièrement gratuites *vis-à-vis des parties ;*

ils ne pourront réclamer, pour les formalités remplies par eux, d'autres frais que le remboursement du papier et du timbre.

Voir nos observations sur l'art. 30.

Le décret de 1809 établit un tarif pour les frais, et alloue des droits au secrétaire (V. art. 60 et suiv.) qui perçoit en outre le remboursement du papier et du timbre.

On voit par l'esprit qui a dicté l'art. 32, et toutes les autres dispositions analogues, que la loi veut économiser les frais, ou plutôt les supprimer presque totalement : c'est l'un des principes essentiels de la juridiction.

Lorsque les Prud'hommes procèdent comme officiers de la police judiciaire (V. ci-dessus, art. 10 et suiv.), ils doivent être remboursés des frais alloués à ceux-ci par les art. 88 et 89 Tarif des frais en matière criminelle (18 juin 1811); nos articles 30 et 31 ne s'y opposent pas.

Art. 33. En cas de plaintes en prévarication, portées contre les membres du Conseil des Prud'hommes, il sera procédé contre eux suivant la forme établie à l'égard *des juges*.

En cas de prévarication du juge, il peut y avoir lieu contre lui, selon la gravité des cas, à une action civile ou criminelle.

L'action civile se nomme *prise à partie*; elle est ouverte au profit de celui qui se prétend lésé. « Les » juges peuvent être pris à partie, dit l'article 505 du

» Code de procédure civile, dans les cas suivants :
» 1° S'il y a dol, fraude ou concussion, qu'on préten-
» drait avoir été commis, soit dans le cours de l'in-
» struction, soit lors des jugements; 2° si la prise à
» partie est expressément prononcée par la loi ; 3° si
» la loi déclare les juges responsables, à peine de dom-
« mages-intérêts ; 4° s'il y a déni de justice. »

Art. 506. « Il y a déni de justice, lorsque les juges
» refusent de répondre aux requêtes, ou négligent les
» affaires en état et en tour d'être jugées. »

Les articles suivants du Code, auxquels nous renvoyons, tracent la procédure pour l'instruction et le
jugement. (V. ces articles.)

La prise à partie contre les Prud'hommes doit être
portée devant la Cour royale du ressort. (Arg. de
l'art. 509.)

L'action criminelle est dirigée par le ministère public, lorsque la prévarication rentre dans les faits ré=
putés délits ou crimes, et punis comme tels par les
art. 175, 177, 178, 181, 182, 183, 184, 185, 188 et
196 du Code pénal. (V. ces articles.)

Les faits spécifiés dans le § 1 de l'art. 505 de Pr. civ.
ont ce caractère.

Si les faits constituent un crime ou un délit, la partie lésée est fondée à provoquer la poursuite criminelle
contre le Prud'homme prévaricateur, et à y intervenir
pour réclamer les dommages-intérêts qui lui sont dus. En
tout cas, si elle se tait, ou si elle opte pour la voie civile,

5.

le ministère public conserve le droit de poursuivre d'office.

Le demandeur dont la prise à partie est rejetée, peut être condamné à des dommages-intérêts envers le Prud'homme injustement attaqué.

Il peut aussi être poursuivi par lui criminellement en diffamation devant la Cour d'assises. Loi du 26 mai 1829. (V. *Comp.*, p. 89.)

La *récusation* est également admise contre les Prud'hommes. (V. les art. 54 et suivants du décret du 11 juin 1809.)

Art. 34. Il pourra être établi, par un règlement d'administration publique, délibéré en Conseil d'Etat, un Conseil de Prud'hommes, dans les villes de fabrique où le gouvernement le jugera convenable.

Voir sur l'art. 2 ci-dessus, ce qu'est un règlement d'administration publique.

Cette disposition et la suivante ôtent à la loi de 1806 le caractère restrictif que, d'après son titre, elle semblerait avoir dans l'intérêt de la ville de Lyon ; elles en font, comme nous l'avons dit, une loi générale applicable à toutes les autres places.

Lorsque la loi parle des *villes* de fabrique, elle n'entend point refuser les Prud'hommes aux autres localités, bourgs ou simples communes, qui posséderaient des fabriques assez nombreuses et assez importantes pour en éprouver le besoin.

La loi ne défend pas non plus d'instituer, dans la

même place, deux ou plusieurs Conseils, s'ils y sont indispensables pour pouvoir embrasser et régir toutes les fabriques. J'ai présenté cette opinion lors du projet pour Paris, et elle a été implicitement consacrée par l'ordonnance royale du 29 décembre 1844, qui, en créant l'un des quatre Conseils projetés, celui des *métaux*, réserve ultérieurement l'institution des autres. (V. *Comp.*, p. 40 et 462 et suiv.) Je sais aussi que cette opinion a prévalu dans la discussion au Conseil d'État.

V. nos obs. sur l'art. 2 du décret du 11 juin 1809.

Art. 35. Sa composition pourra être différente, selon les temps, mais ses attributions seront les mêmes.

Voir notre observ. première sur l'art. précédent et celles sur l'art. 2 du décret du 11 juin 1809.

Il résulte de l'art. 35 (dont la portée aurait pu être mieux définie), que la loi confère à l'administration une assez grande latitude dans la composition du Conseil, notamment quant au nombre des membres suppléants et au mode d'élection. Le décret du 11 juin 1809 a tracé des règles à cet égard, mais sans déroger au principe de la loi. En matière règlementaire, on comprend l'utilité d'un tel pouvoir remis à l'autorité supérieure qui institue.

Toutefois, ce pouvoir ne va pas jusqu'à lui permettre de dénaturer les bases de l'institution, par exemple de dépasser le maximum des juges titulaires et de former un seul Conseil en le divisant *par sections*. C'est encore ce que j'ai soutenu en présentant le projet pour Paris, et ce qui a été reconnu par le Conseil d'État, lors de la discussion.

<hr>

DÉCRET DU 11 JUIN 1809

(RECTIFIÉ LE 20 FÉVRIER 1810),

Et portant règlement sur les Conseils de Prud'hommes.

TITRE PREMIER.

Art. 1er. Les Conseils de Prud'hommes ne seront composés que de marchands fabricants, de chefs d'atelier, de contre-maîtres, de teinturiers ou d'ouvriers patentés. Le nombre de ceux qui en feront partie pourra être plus ou moins considérable; mais, en aucun cas, les chefs d'atelier, les contre-maîtres, les teinturiers ou les ouvriers ne seront égaux en nombre égal aux marchands fabricants : ceux-ci auront toujours, dans le Conseil, un membre de plus que les chefs d'atelier, les contre-maîtres, les teinturiers et les ouvriers.

La loi de 1806, article 1er, ne comprend nominativement dans la composition du Conseil, et par conséquent ne déclare éligibles, que les négociants fabricants et les chefs d'atelier; le décret de 1809 y ajoute les contre-maîtres, teinturiers et ouvriers patentés.

Le *contre-maître* d'une fabrique est celui qui la dirige, comme principal ouvrier; s'il est distingué des autres ouvriers, c'est à raison de sa plus grande capacité. (V. notre *Louage*, n° 23.)

Sous le nom de *teinturier*, le décret désigne l'ouvrier qui colore les produits de la fabrique avec les couleurs que lui fournit le fabricant, et à façon (1).

Les *ouvriers patentés* sont ceux qui, sous une dénomination quelconque, d'*ouvrier à façon*, de *façonnier*, *marchandeur*, *tâcheron*, etc., payent une patente, à raison de l'exercice de leur état. La nouvelle loi du 25 mai 1844 a diminué leur nombre, car, à la différence de la loi du 1er brumaire an VII (art. 29, n° 3), qui existait lors du décret et soumettait à la patente tout ouvrier travaillant *chez soi, même sans compagnon, enseigne, ni boutique,* elle en dispense même celui qui travaille dans son domicile propre, lorsqu'il n'a ni compagnon, ni apprenti, enseigne ou boutique. Elle porte de plus : « Ne sont point considérés comme compa- » gnons ou apprentis, la femme travaillant avec son » mari, ni les enfants non mariés travaillant avec leurs » père et mère, ni le simple mercenaire dont le con- — » cours est indispensable à l'exercice de la profession. »

Il suit de l'article 1er du décret, que les ouvriers non patentés, les compagnons et apprentis ne peuvent pas entrer dans la formation du Conseil, c'est-à-dire être élus (2).

_____

(1) A Rouen, on assimile justement le teinturier qui fournit les couleurs aux marchands fabricants. Ils entrent dans la composition du Conseil à ce dernier titre.

(2) Ils ne sont pas non plus électeurs. (V. ci-après, art. 13.)

Voir ci-dessus, article 3 de la loi de 1806, les autres conditions d'éligibilité.

Quant au nombre des membres titulaires, nous croyons que si le décret laisse au gouvernement une latitude pour le fixer, selon les besoins de la localité, c'est seulement dans les limites posées par l'article 3 ci-après, c'est-à-dire de *cinq à quinze*, et en conservant l'imparité que le décret établit. (V. *Comp.*, p. 56, et ci-dessus, p. 17.)

L'extension du nombre peut s'appliquer, sans les mêmes inconvénients, aux deux suppléants, que l'article 18 permet d'élire. (V. cet article.)

Le décret désigne les fabricants sous le nom de marchands fabricants, tandis que la loi de 1806 les appelle *négociants fabricants*. Cette différence n'a aucune importance légale. (V. ci-dessus, p. 16.)

Art. 2. Les Conseils de Prud'hommes seront établis sur la demande motivée des chambres de commerce ou des chambres consultatives de manufactures. Cette demande sera d'abord communiquée au préfet, qui examinera si elle est de nature à être accueillie. Il la transmettra ensuite à notre ministre de l'intérieur (aujourd'hui au ministre du commerce), qui, avant de nous en rendre compte, s'assurera si l'industrie qui s'exerce dans la ville est assez importante pour faire autoriser la création du Conseil des Prud'hommes.

Les formalités tracées par cet article n'ont pas besoin d'explication. Il importe seulement de déterminer avec exactitude le mode d'institution ou les conditions que le règlement d'administration publique qui institue le Conseil (V. les art. 6, 33 et 34 de la loi de 1806,) doit observer ; car cette fixation bien établie tend à écarter beaucoup de difficultés sur la compétence du Conseil. Aux règles déjà posées sur ces articles, nous ajouterons :

1º Le règlement ne comprendra, d'après l'état actuel de la législation, que les *fabriques* proprement dites. Entre certaines fabriques et d'autres professions industrielles, la ligne de démarcation est souvent difficile à apercevoir. Le gouvernement a tout pouvoir pour statuer sur ce point. Au surplus, l'erreur de sa part est sans danger, l'expérience ayant démontré que l'institution appliquée à toutes les industries dans quelques villes, fonctionne avec un égal succès.

2º Il a le droit, selon son appréciation, de soumettre à la juridiction du Conseil toutes les fabriques de la localité, ou seulement les plus considérables.

3º Il doit préciser, avec soin, les espèces de fabriques qu'il veut y comprendre.

4º Il doit, autant que possible, assigner à chaque industrie, ou aux industries analogues, un ou plusieurs Prud'hommes (fabricants et ouvriers), pour qu'elles soient représentées dans le Conseil et qu'elles y trouvent des juges *spéciaux*. (V. l'ordonnance pour Paris, *Appendice*.)

5º Enfin, il peut instituer le Conseil, même d'*office*, s'il le juge nécessaire. (V. l'art. 35 de la loi de 1806, et ci-après les art. 10, 68 et 69.)

Sur la circonscription du ressort attribuée au Conseil, voir l'art. 11 du décret.

Les villes qui ont obtenu un Conseil de Prud'hommes peuvent toujours demander les modifications devenues, avec le temps, indispensables dans le règlement d'institution. Il y en a nombre d'exemples. On suit la marche prescrite par notre article.

Art. 3. Les Conseils de Prud'hommes seront renouvelés en partie, chaque année, le premier jour du mois de janvier, dans les proportions qui suivent :

Si le Conseil est composé de *cinq* membres, il ne sera renouvelé, la première année, qu'un prud'homme marchand fabricant ; la seconde année, il sera renouvelé un prud'homme marchand fabricant et un prud'homme chef d'atelier, contre-maître, teinturier, ou ouvrier patenté ;

La troisième année, *idem.*

Si le Conseil est composé de *sept* membres, il sera renouvelé, la première année, deux prud'hommes marchands fabricants, et un prud'homme chef d'atelier ou contre-maître, etc. ;

La deuxième année, un prud'homme marchand fabricant et un prud'homme chef d'atelier ;

La troisième année, *idem.*

Si le Conseil est composé de *neuf* membres, il sera renouvelé, la première année, un prud'homme marchand fabricant et deux prud'hommes chefs d'atelier ;

La deuxième année, deux prud'hommes marchands fabricants et un prud'homme chef d'atelier ;

La troisième année, *idem.*

Si le Conseil est composé de quinze membres, il sera renouvelé, la première année, deux prud'hommes marchands fabricants et un prud'homme chef d'atelier ;

La deuxième année, trois prud'hommes marchands fabricants et trois prud'hommes chefs d'atelier ;

La troisième année, *idem.*

Le sort désignera ceux des prud'hommes qui seront renouvelés la première et la seconde année. Dans les autres années, ce seront les plus anciens nommés.

Les prud'hommes seront toujours rééligibles.

Le premier janvier, fixé pour le renouvellement du conseil, n'est point un jour prescrit à peine de nullité du renouvellement, quoique le décret rappelle en ce point l'art. 4 de la loi de 1806.

Le jour du renouvellement doit être désigné par le préfet. (Art. 13 du décret.)

Après leur première installation, les prud'hommes, réunis en bureau général, règleront par le sort les membres sortants. Ils en dresseront procès-verbal.

Pour l'avenir, le renouvellement du tiers a lieu, de droit, après l'expiration des trois années de fonctions.—

Le renouvellement sera fait par l'élection , selon le mode et aux conditions réglés par les articles 13 et suivants. (V. conditions d'éligibilité, art. 3 de la loi de 1806.)

En cas de décès ou de démission d'un membre, il n'y a pas lieu à le remplacer par renouvellement partiel ou individuel : les suppléants y pourvoient. (V. l'article 18.) Il en est ainsi du cas où un titulaire est forcé de quitter ses fonctions par suite d'un empêchement légal, tel qu'une interdiction, une faillite, etc. ; mais ils doivent être remplacés lors du renouvellement annuel du tiers.

Le décret n'applique point aux suppléants le renouvellement partiel; ils sont renouvelés tous ensemble, après les trois ans que doit durer leur exercice.

La nomination des titulaires et celle des suppléants peuvent avoir lieu en même temps. — Un suppléant en exercice peut être élu titulaire.

Jusqu'à l'installation des nouveaux membres élus, les membres sortants doivent continuer l'exercice de leurs fonctions, suivant le principe admis pour les tribunaux de commerce.

TITRE II.

ATTRIBUTIONS ET JURIDICTION DES CONSEILS DE PRUD'HOMMES.

SECTION PREMIÈRE.

DES ATTRIBUTIONS DES CONSEILS DE PRUD'HOMMES.

Art. 4. Les Conseils de Prud'hommes seront chargés de veiller à l'exécution des mesures conservatrices de la propriété des marques empreintes aux différents produits de la fabrique.

Le décret ajoute cette nouvelle attribution à celles que la loi du 18 mars 1806 confère aux Prud'hommes, savoir : pour la conservation des dessins et modèles de fabrique; pour la constatation des contraventions aux lois et règlements; pour celle des soustractions de matières par les ouvriers; pour celle des infidélités commises par les teinturiers; pour l'inspection des ateliers, et la vérification du nombre des métiers et ouvriers. Nous avons déjà dit que ces attributions diffèrent de leur juridiction *proprement dite*.

Il y a deux sortes de marques : les marques générales ou facultatives, celles particulières ou obligées pour certaines fabriques. Le décret de 1809 ne s'occupe que des premières (1).

Les marques, en général, sont un signe *emblématique* quelconque qu'adoptent les fabricants, selon leur convenance, pour les appliquer soit sur la marchandise qu'ils fabriquent, soit sur l'enveloppe qui la renferme.

Le décret reconnaît d'abord que la marque est la propriété du fabricant, et l'art. 5 va dire à quelle condition. (V. dans l'*Appendice* la loi du 22 germ. an xi.)

Il ne saisit les Prud'hommes que relativement aux fabriques comprises dans la juridiction du conseil. Nous adoptons cette opinion par deux raisons : 1° Il est plus rationnel d'admettre une solution qui rentre dans la troisième de nos règles sur la compétence; 2° lorsque l'art. 6,

(1) Voir ci-après les textes particuliers qui parlent des autres.

Le nouveau projet de loi, présenté par M. le ministre du commerce à la Chambre des pairs, propose l'abrogation des marques obligatoires. Cette innovation est trop grave pour ne pas amener une vive controverse.

ci-après, constitue les Prud'hommes conciliateurs ou arbitres, sur la suffisance ou l'insuffisance des marques, le décret suppose qu'ils ont les connaissances spéciales nécessaires pour donner cet avis, et que par conséquent ils appartiennent au genre de fabrique dont les marques leur sont déposées.

Le décret ne s'applique point aux marques adoptées par des non-fabricants. (V. *Comp.*, p. 435 et suiv.)

Art. 5. Tout marchand fabricant qui voudra pouvoir revendiquer devant les tribunaux la propriété de sa marque, sera tenu d'en adopter une assez distincte des autres marques, pour qu'elles ne puissent être confondues et prises l'une pour l'autre.

La marque n'appartient au fabricant, qu'autant qu'elle est de sa part une *création*, caractère essentiel qui s'attache à toutes les propriétés industrielles ou littéraires, et qui se reconnait par la différence réelle et palpable devant exister entre cette marque et toutes autres.

L'imitation d'une marque cause un dommage au propriétaire, et peut être réputée un délit de contrefaçon, art. 142 et 143 du Code pénal. Aussi a-t-il, à son choix, le droit de poursuivre le contrefacteur par action civile ou correctionnellement, à fin de suppression de la marque contrefaite, et en payement de dommages-intérêts.

Art. 6. Les Conseils de Prud'hommes réunis sont arbitres de la suffisance ou insuffisance de différence entre les marques déjà adoptées et les nouvelles qui seraient déjà proposées, ou même entre celles déjà existantes; et, en cas de contestation, elle sera portée au tribunal de commerce, « qu » prononcera après avoir vu l'avis du Conseil de Prud'» hommes. »

D'après cet article et la première partie de l'art. 12 qui le confirme, les Prud'hommes réunis, c'est-à-dire statuant en bureau général, sont investis du droit de *concilier* les parties intéressées, ou de donner un avis motivé sur la contestation qui les divise à raison de leurs marques respectives. Tel est le sens du mot *arbitres* par lequel le décret qualifie la mission importante confiée aux Prud'hommes (1). C'est une sorte d'exception sagement faite à la règle qui leur refuse la compétence entre fabricants.

Lorsque la contestation est portée par le plaignant devant le tribunal correctionnel, le ministère légal des Prud'hommes cesse, la conciliation leur étant devenue impossible; cependant celui-ci fera sagement de les consulter, si une expertise est nécessaire (2).

Pour apprécier la contrefaçon ou, selon les expressions de la loi, la suffisance ou l'insuffisance de différence qui existe entre les deux marques litigieuses, les Prud'hommes doivent connaître le principe qui, à dé-

____

(1) Le projet ministériel la leur conserve. (V. ci-dessus, art. 4.) Pourquoi ne la leur donnerait-on pas, quant aux modèles et dessins, ainsi que le demande la commission des pairs? Il y a même raison.

(2) C'est ce que propose la commission des pairs.

6.

faut d'un texte précis, constitue cette contrefaçon. Or, ce principe veut que la contrefaçon existe, encore que la similitude des marques ne soit pas parfaite. Il suffit qu'il y ait dans l'arrangement des signes emblématiques une ressemblance ou plutôt une imitation capable d'induire le public en erreur. Celui qui veut commettre une fraude cherche toujours à la déguiser.

Les Prud'hommes constateront aussi, pour la fixation ultérieure des dommages-intérêts, s'il y a eu fraude ou seulement imprudence dans la confection de la marque contrefaite, usage plus ou moins prolongé, plus ou moins préjudiciable au plaignant.

Dans tous les cas, la marque contrefaite doit être supprimée.

Nous avons indiqué, *Comp.* p. 283 et suiv., diverses espèces jugées auxquelles nous renvoyons.

Le décret ne dit pas comment et par qui les Prud'-hommes seront saisis de la difficulté. Puisqu'il ne fait pas de différence entre cette difficulté et les contestations ordinaires, quant à la conciliation du moins, nous pensons que le Conseil doit être saisi par la partie qui se prétend lésée, sur citation par lettre ou par huissier, conformément aux art. 29 et suiv. ci-après. Nous supposons qu'une demande n'a point encore été portée devant le Tribunal de commerce.

Si le cité ne comparait pas, les Prud'hommes peuvent donner leur avis par défaut.

S'il y a demande portée devant le Tribunal de commerce, ils attendront que celui-ci leur ait renvoyé la cause.

Je ne crois pas que le Tribunal de commerce ait le droit de la juger sans avoir observé ce préliminaire. Cependant il n'est pas tenu d'adopter l'avis des Prud'-hommes, s'il lui semble erroné.

En outre de l'attribution spéciale que nous venons d'expliquer, les Prud'hommes restent investis par la loi du 18 mars 1806, art. 10 et 11, du droit de constater les contraventions aux marques et de saisir les marques contrefaites. (V. ci-dessus ces articles.)

Art. 7. Indépendamment du dépôt ordonné par l'art. 18 de la loi du 22 germinal an XI (1), au greffe du tribunal de commerce, nul ne sera admis à intenter action en contrefaçon de sa marque, s'il n'a en outre déposé un modèle de cette marque au secrétariat du Conseil de Prud'hommes.

Le double dépôt a été exigé pour donner une plus grande publicité aux marques, dans l'intérêt de tous les fabricants.

Il ne faut pourtant pas conclure de l'article que si ce double dépôt a eu lieu, l'action devra être accueillie; car le dépôt ne prouve pas la propriété de la marque au profit du demandeur, il lui permet seulement de la revendiquer. La propriété n'existe et ne peut être réclamée qu'autant que la marque a été *inventée* ou *créée* par le déposant. (V. art. 5 ci-dessus, et nos observ. sur l'art. 14

____

(1) Voir cet article ci-après, dans l'*Appendice*.

de la loi de 1806.—Voir aussi *Comp.*, nos 277 et suiv.)

Les Prud'hommes reçoivent le dépôt de la marque sans vérification préalable.

Art. 8. Il sera dressé procès-verbal de ce dépôt sur un registre en papier timbré ouvert à cet effet, et qui sera coté et paraphé par le Conseil de Prud'hommes. Une expédition de ce procès-verbal sera remise au fabricant pour lui servir de titre contre les contrefacteurs.

Il suffit que l'expédition du procès-verbal soit signée par le secrétaire du Conseil, et le déposant, si celui-ci sait signer ; dans le cas contraire le secrétaire en fera mention. Il convient d'appliquer ici ce que nous avons dit sur le dépôt des modèles et dessins, art. 16 de la loi de 1806.

Il ne faut pas prendre à la lettre ces mots de notre article *pour lui servir de titre* : l'expédition n'est que la preuve du dépôt, et le dépôt, le moyen de réclamer, si, d'ailleurs, il y a invention.

Le procès-verbal fait foi de sa date et de son contenu. (V. ci-dessus art. 14 de la loi de 1806.)

Voir l'art. 59 du décret pour le droit du secrétaire.

Art. 9. S'il était nécessaire, comme dans les ouvrages de quincaillerie et de coutellerie, de faire empreindre la marque sur des tables particulières, celui à qui elle appartient payera une somme de six francs, entre les mains du receveur de la commune. Cette somme, ainsi que toutes les autres qui seraient comptées pour le même objet, seront mises en réserve et destinées à faire l'acquisition des tables et à les entretenir.

Cette disposition est prise de la loi du 23 nivôse an IX. — (V. ci-après, 2e partie, le décret du 5 septembre 1810.)

S'il était nécessaire... dit le décret de 1809. Il existe peu de ces marques (autres que celles de quincaillerie et coutellerie,) qui soient susceptibles d'être empreintes sur des tables communes. A Rouen, les tables sont en cuivre.

SECTION II.

DE LA JURIDICTION DES CONSEILS DE PRUD'HOMMES.

Art. 10. Nul ne sera justiciable des conseils de Prud'hommes, s'il n'est marchand fabricant, chef d'atelier, contre-maître, teinturier, ouvrier compagnon ou apprenti; ceux-ci cesseront de l'être, dès que les contestations porteront sur des affaires autres que celles qui sont relatives à la branche d'industrie qu'ils cultivent, et aux conventions dont cette industrie aura été l'objet. Dans ce cas, ils s'adresseront aux juges ordinaires.

Cet article est conforme à la deuxième des règles de compétence que nous avons posées sur l'art. 6 de la loi du 18 mars 1806, à savoir : que la juridiction des Prud'hommes ne concerne que ceux qui travaillent dans les fabriques, et que les contestations relatives à leur *commune* industrie. (Voir l'art. 12 du décret ci-après, et les explications présentées sur l'art. 6 de la loi de 1806.)

Art. 11. La juridiction des Conseils de Prud'hommes s'étend sur tous les marchands, fabricants, les chefs d'atelier, contre-maîtres, teinturiers, ouvriers, compagnons et apprentis, travaillant pour la fabrique du lieu ou du canton de la situation de la fabrique, suivant qu'il sera exprimé dans les décrets particuliers d'établissement de chacun des Conseils, à raison des localités, quel que soit l'endroit de la résidence desdits ouvriers.

De cet article dérive la cinquième des règles de compétence, celle qui touche à la circonscription du territoire ou ressort du Conseil. (Voir ci-dessus, art. 2.) Il suffit, pour la compétence, que le lieu de la fabrique se trouve sur le territoire du Conseil, encore que l'ouvrier réside en dehors. Nous en dirons autant pour la résidence ou le domicile du fabricant, parce qu'il y a même raison. Ainsi, le fabricant ou l'ouvrier demeurant à Mont-Rouge ou aux Batignolles est justiciable du Conseil de Paris, si le siége de la fabrique est situé à Paris. Au contraire, si la fabrique est en dehors de Paris, le fabricant ou l'ouvrier, quoique résidant à Paris, n'est pas justiciable du Conseil de Paris, dont la juridiction est renfermée *intrà muros*.

Pour prévenir toutes difficultés sur la compétence, il importe que le règlement organique fixe avec précision le ressort du Conseil. (V. art. 2.)

L'administration a étendu le ressort à l'arrondissement, pour le Conseil de Thiers. (Ord. du 21 mars 1821.) Le Conseil d'État a adopté un principe qu'il est sage de suivre : il veut que l'éloignement des fabriques n'occasionne pas *de trop grands déplacements* aux justiciables , et qu'elles soient toutes situées dans l'arrondissement du tribunal de commerce, auquel l'appel des contestations jugées par les Prud'hommes doit être porté. (V. notre *Comp.*, p. 38.)

Art. 12. Les Conseils de Prud'hommes ne connaîtront que comme *arbitres*, des contestations entre fabricants ou marchands, pour les marques, comme il est dit art. 6 ; et, entre un fabricant et ses ouvriers, contre-maîtres, des difficultés relatives aux opérations de la fabrique.

La première partie de l'article se référant à la disposition de l'art. 6, voir nos observations sur celui-ci.

Pour la deuxième partie , nous renvoyons à nos observations sur l'art. 10. Le texte de l'art. 12, s'il était entendu judaïquement, semblerait restreindre la compétence des Prud'hommes aux contestations entre le fabricant et ses ouvriers *contre-maîtres* : nous avons dit qu'elle comprend toutes les contestations nées entre lui et ses ouvriers ou apprentis, quels qu'ils soient.— C'est ce qui ressort de toutes les lois spéciales, notamment de l'art. 1er du décret du 3 août 1810, ci-après.

TITRE III.

MODE DE NOMINATION ET D'INSTALLATION DES PRUD'HOMMES.

Art. 13. Les Prud'hommes seront élus dans une assemblée générale tenue à cet effet : cette assemblée sera convoquée huit jours à l'avance par le préfet, présidée par lui ou par celui des fonctionnaires publics dé l'arrondissement qu'il désignera.

Il résulte de cet article que, sauf les conditions essentielles d'éligibilité et d'électorat, la loi a entendu laisser à l'administration la plus grande latitude pour l'application du mode d'élection. Ainsi, elle lui abandonne tacitement le droit de fixer le jour et le lieu de l'assemblée, même de la diviser en sections, si elle lui paraît trop considérable. C'est le préfet qui règle ces diverses dispositions. (V. art. 4 de la loi de 1806 et 3 ci-dessus.)

Par ces mots de l'art. 13 du décret, *assemblée générale,* il faut entendre :

1º Que les fabricants et les ouvriers doivent être réunis, et par conséquent voter ensemble, afin tout à la fois de s'éclairer mutuellement sur les choix à faire, et d'obtenir pour juges des hommes appelés par leur commune volonté ;

2º Que cette assemblée doit se former dans chaque industrie ou branche d'industrie, à laquelle le règlement organique a départi des Prud'hommes à nommer dans son sein, afin que ceux-ci soient désignés par les électeurs de la spécialité.

C'est ainsi que l'ordonnance du 29 décembre 1844, qui a institué le conseil des *métaux* pour Paris, a appliqué la loi. (V. ci-après cette ordonnance.)

Le décret n'exige pas que le nombre des membres

composant l'assemblée générale, atteigne un chiffre déterminé. Il convient, du moins, que les électeurs fabricants et ouvriers soient équilibrés autant que possible. (V. *Compétence*, p. 68.)

Le fonctionnaire public que le préfet désigne pour présider l'assemblée, peut être pris dans l'ordre administratif ou judiciaire.

V. art. 3 de la loi de 1806, les conditions d'éligibilité.

Art. 14. Tout marchand fabricant, tout chef d'atelier, tout contre-maître, tout teinturier, tout ouvrier désigné dans la loi du 18 mars 1806, qui voudra voter dans l'assemblée, sera tenu de se faire inscrire sur un registre à ce destiné, qui sera ouvert à l'hôtel de ville. Nul ne sera inscrit que sur la présentation de sa patente. Les faillis seront exclus.

Un délai suffisant pour les inscriptions est donné par l'administration; après ce délai, elle peut déclarer les oppositions non recevables.

Les conditions d'aptitude que le décret exige pour l'électorat se réduisent à deux : 1° être patenté; 2° n'être pas failli. Nous pensons qu'il faut en ajouter deux autres qui sont sous-entendues : être encore dans l'exercice de son état; être Français.

Le décret ne déterminant pas l'âge, nous avons émis, *Compétence*, p. 61, l'opinion qu'il suffit d'avoir l'âge fixé pour la majorité *civique*, vingt-cinq ans accomplis. Cependant M. le préfet de la Seine a cru devoir admettre les électeurs âgés de vingt-un ans seulement : nous ne contesterons pas cette résolution.

Quant à la patente, deux observations sont à faire :

1° Elle ne peut pas avoir été prescrite pour les contre-maîtres, par la raison que la loi de l'an VII sur la patente les en dispensait. (V. art. 3 de la loi de 1806, notre observation quant à leur éligibilité.)

2° La patente ne prouve ni la capacité ni la moralité de l'électeur. Il conviendrait au moins de la suppléer par certaines conditions plus rassurantes, en exigeant, par exemple, que l'ouvrier justifiât d'un domicile actuel, de l'exercice de son état depuis tant d'années, d'un travail continu depuis tant d'années dans la même fabrique ou dans le même atelier. A ce moyen, on aurait un plus grand nombre d'électeurs-ouvriers, alors surtout que la nouvelle loi de 1844 a réduit notablement, pour eux, le nombre des patentés. L'administration a elle-même interprété la loi en ce sens, en appelant à Lyon, comme électeurs, certains chefs d'ateliers non patentés. (V. *Compétence,* p. 62 et suiv.)

Pour ceux qu'il faut assimiler aux faillis, appliquez nos observations sur l'art. 3 de la loi de 1806.

Art. 15. Pour la première année seulement de la création du Conseil, le maire dressera la liste des votants, qui seront seuls admis à l'assemblée.

L'inscription sur la liste peut donc être faite *d'office* par le maire pour cette première fois.

A Paris, le préfet de la Seine exerce les fonctions de maire.

Il n'a pas cru devoir user de son initiative pour l'élection du conseil des métaux ; il a ouvert un registre d'inscriptions. (V. son arrêté du 8 janvier 1845.)

Dans les départements, comme à Paris, le préfet dresse la liste pour les années suivantes. Cela résulte implicitement des art. 15 et 16 combinés. Cette liste est dressée sur le relevé des inscriptions faites aux termes de l'art 14 et dont il apprécie le mérite.

Le décret ne s'oppose point à ce que le préfet ajoute, sur la liste, les noms de ceux qui ont omis de se faire, inscrire.

Art. 46. En cas de contestation sur le droit d'assistance à l'assemblée, soit cette année, soit les années suivantes, il sera statué par le préfet, sauf le recours à notre Conseil d'État.

Soit que la liste ait été dressée par le maire ou par le préfet, suivant la distinction faite art. 15, celui qui se prétend omis ou rejeté indûment, est reçu à recourir au préfet pour obtenir son inscription ; il produit ses justifications et observations. Le préfet doit statuer en conseil de préfecture, puisque l'appel de ses décisions est porté au conseil d'État.

Tout électeur a le droit de contester les inscriptions qui auraient été injustement reçues ou accordées. C'est un principe général, en matière d'élections.

Toutes ces réclamations n'entraînent aucuns frais, et se jugent comme affaires urgentes.

Un délai suffisant doit être accordé par l'administration, après la clôture de la liste, pour l'exercice et le jugement des difficultés.

Nous ne pensons pas qu'une précédente inscription sur la liste et l'usage fait du vote électoral doivent créer une fin de non-recevoir en faveur de l'inscrit, s'il ne remplit pas les conditions de la loi.

Art. 17. Il sera nommé, par le préfet où par celui des fonctionnaires publics qu'il aura désigné pour présider l'assemblée, un secrétaire et deux scrutateurs. L'élection des Prud'hommes sera faite au scrutin individuel, à la majorité absolue des suffrages ; nul ne peut être élu, s'il n'a trente ans accomplis.

Les conditions d'éligibilité, autres que l'âge, sont indiquées art. 3 de la loi du 18 mars 1806.

Le président doit prendre le secrétaire et les deux scrutateurs parmi les électeurs ; car, le décret ne permet pas à d'autres l'accès de l'assemblée électorale ; il fera bien de choisir pour scrutateurs un fabricant et un ouvrier. La réunion de ces quatre personnes formera le bureau.

S'il s'élève des difficultés sur la validité des bulletins de votes, elles seront jugées par le bureau, non compris le secrétaire qui n'a pas voix délibérative.

L'électeur qui ne sait pas écrire peut faire écrire son bulletin par un autre électeur.

Le décret n'exige point que les électeurs prêtent serment avant de voter ; à Paris, ils ne l'ont pas prêté. La prestation de serment nous paraît plus conforme au principe en matière d'élections. (V. loi du 31 août 1830.)

Si le scrutin individuel, tel qu'il est exigé, demande plus de temps que le scrutin de liste, il garantit mieux la spécialité du choix.

Il se fait, dit le décret, à la majorité absolue des suffrages. Expliquant ici une opinion émise dans la *Compétence*, p. 69, je dirai qu'il ne s'agit pas de compter les électeurs portés sur la liste, mais les électeurs *votants*. La majorité absolue dont parle la loi se forme donc par la moitié plus un de ces derniers. Si aucun des candidats ne réunit cette majorité, la règle généralement suivie veut qu'un deuxième tour de scrutin ait lieu, sous la même condition. A défaut de résultat, un troisième scrutin dit de *ballotage* s'établit; les voix doivent se concentrer exclusivement sur les deux candidats qui ont obtenu le plus de suffrages ; et la nomination est acquise avec la simple majorité des votants. En cas de partage, le plus âgé est préféré.

La nomination des prud'hommes n'a pas besoin, comme celle des juges de commerce, d'être confirmée par le roi. Ce sont les seuls juges qui se trouvent dispensés de l'investiture royale.

Les prud'hommes ont, toutefois, à raison de la nature de leurs fonctions, le caractère d'officiers publics. L'ordonnance royale du 12 novembre 1828 les qualifie ainsi. (V. *Compétence*, p. 87 et suiv.)

C'est pourquoi s'ils viennent à être frappés par une

diffamation, la cour d'assises connaît du délit. (V. loi du 26 mai 1829 ; arrêt de cassation du 15 mai 1838 ; Sirey, vol. 38, p. I, p. 398.)

On a jugé que les Prud'hommes ne sont pas exempts des fonctions de jurés aux assises. (Arrêt de cassation du 24 septembre 1825; Sirey, vol. 25, p. I, p. 409.)— A plus forte raison, ils restent soumis à celles du jury d'expropriation.

Ils peuvent néanmoins se dispenser du service de la garde nationale, attendu leur qualité qui les assimile aux magistrats. (Arrêt de cassation, section criminelle du 6 mars 1845. — Journal *le Droit*, 3 avril 1845.)

Ils ont le droit d'être portés sur la liste des électeurs municipaux, loi du 21 mars 1831, art. 11, et de concourir aux élections des chambres de commerce, ord. royale du 16 juin 1832. (V. la note p. 192.)

Le décret du 24 messidor an XII, sur les préséances entre les divers fonctionnaires, ne leur est point applicable, puisqu'il a précédé leur institution; mais, dans le fait, on les admet à toutes les cérémonies publiques. (V. *Comp.*, p. 91.)

Art. 18. Afin de remplacer les Prud'hommes qui viendraient à mourir ou à donner leur démission pendant l'exercice de leurs fonctions, il sera nommé deux suppléants, dont l'un sera choisi parmi les marchands fabricants, et l'autre parmi les chefs d'atelier, les contre-maîtres, les teinturiers ou les ouvriers patentés.

La nomination des suppléants a lieu par l'élection,

ainsi que la nomination des membres titulaires ; les suppléants doivent présenter les mêmes conditions d'éligibilité. (V. art. 3 de la loi de 1806.)

Le nombre des suppléants n'est pas limité à deux pour chaque conseil ; il peut être augmenté en raison du nombre des titulaires et des besoins du service. Cette opinion se fonde sur l'art. 35 de la loi du 18 mars 1806, portant que la composition de chaque conseil peut être différente *selon les lieux* ; elle est admise par l'administration qui a créé huit suppléants à Lyon et dix à Paris, notamment.

Si l'on se tenait rigoureusement à la lettre du décret, leur adjonction serait peu utile. Mais les règlements d'institution les autorisent à remplacer les titulaires toutes les fois que ceux-ci se trouvent légitimement *empêchés*, ainsi que la loi le permet pour les tribunaux ordinaires. (V. entre autres l'ord. pour Paris, art. 3.)

Ils n'ont voix délibérative, dans l'exercice de leurs fonctions, qu'autant qu'ils deviennent nécessaires, le nombre voulu des titulaires se trouvant incomplet.

S'il est besoin d'un suppléant, on appelle le plus anciennement nommé ; ou bien, en cas d'égalité de date, le plus âgé, sans égard à son industrie. Le fabricant est remplacé par un suppléant fabricant ; l'ouvrier, par un ouvrier.

Art. 19. L'élection terminée, il en sera dressé procès-verbal qui sera déposé à la mairie. L'assemblée ne pourra délibérer, ni s'occuper d'aucune autre chose que de l'élection.

A Paris, le procès-verbal est déposé à la Préfecture. Il est rédigé et signé par le bureau. (V. art. 17.)

En cas d'infraction à la seconde partie de la déposition qui est d'ordre public, le bureau devrait dissoudre l'assemblée et se retirer.

L'ordonnance royale du 29 décembre 1844 porte « que l'installation des prud'hommes nommés à Paris n'aura lieu qu'après que les procès-verbaux d'élection auront été transmis au ministre du commerce, et que les élections auront été reconnues régulières. » La précaution prise par l'ordonnance est nouvelle ; cependant, comme il importe que des opérations irrégulières ne soient pas maintenues, nous croyons que le droit dont elle a usé, ne saurait lui être contesté. En cas de difficulté, nous pensons que le ministre a pouvoir de statuer, sauf recours au conseil d'état.

Art. 20. Les Prud'hommes prêteront, entre les mains du préfet ou du fonctionnaire public qui remplacera, le serment d'obéissance aux lois, de fidélité à l'empereur, et de remplir leurs devoirs avec zèle et intégrité.

Aujourd'hui, le serment doit être prêté au Roi, à la Charte constitutionnelle et aux lois du royaume. (Loi du 31 août 1830.) La prestation du serment se fait dans la séance d'installation. Après cette formalité remplie et la retraite du fonctionnaire, les Prud'hommes peuvent procéder à la nomination de leurs président et vice-président. (V. ci-après, art. 25.)

TITRE IV.

DU BUREAU PARTICULIER ET DU BUREAU GÉNÉRAL DES PRUD'HOMMES.

Art. 24. Le bureau *particulier* des Prud'hommes sera composé de deux membres, dont l'un sera marchand fabricant, et l'autre chef d'atelier, contre-maître, teinturier ou ouvrier patenté.

Dans les villes où le Conseil est de cinq ou de sept membres, ce bureau s'assemblera *tous les deux jours*, depuis onze heures du matin jusqu'à une heure.

Si le Conseil est composé de neuf ou quinze membres, le bureau particulier tiendra *tous les jours* une séance qui commencera et finira aux mêmes heures.

Cet article est conforme à l'article 7 de la loi du 18 mars 1806, sauf l'indication des jours et heures. Je ne pense pas que cette indication doive être indispensablement observée, si les convenances de la localité s'y opposent.

Lorsque les Prud'hommes jugent nécessaire de s'écarter du décret en ce point, ils doivent prendre l'autorisation du ministre du commerce, sous la direction duquel ils sont placés.

Ils peuvent aussi, pour le cas d'urgence ou de surcharge, prolonger leurs séances ou en indiquer d'extraordinaires.

C'est le fabricant qui préside le bureau particulier. (V. art. 33 ci-après.)

Le secrétaire ou son commis y tient la plume. (V. art. 26 ci-après.)

Il appelle les causes dans l'ordre du rôle dressé par lui.

L'assistance de l'huissier attaché au conseil n'est pas exigée. (V. ci-après, art. 27, p. 89.)

Art. 22. Les fonctions du bureau particulier sont de *concilier* les parties; s'il ne le peut, il les renverra devant le bureau général.

La CONCILIATION, nous le répétons, est le but capital de l'institution des Prud'hommes. (V. les art. 32 et suiv. du décret, pour le mode de conciliation.)

Le renvoi de l'affaire devant le bureau général ne constitue pas un jugement proprement dit, c'est pourquoi il est constaté par un simple procès-verbal. (V. art. 59 du décret.) Dans l'usage, le secrétaire se borne à rédiger sur papier non timbré une *note* des dires des parties, et des propositions de conciliation faites par le bureau particulier, pour servir à l'instruction devant le bureau général. (V. les art. 32 et suiv.)

Le bureau particulier peut rendre lui-même de véritables jugements. (V. ci-après, art. 28 et autres.)

Art. 23. Le bureau *général* se réunira une fois par semaine au moins; il prendra connaissance de toutes les affaires qui n'auraient pas été terminées par la voie de conciliation, *quelle que soit la quotité de la somme dont elles seraient l'objet;* mais ces jugements ne seront définitifs qu'autant qu'ils porteront sur des différends qui n'excéderont pas soixante francs en principal et accessoires. Dans tous les autres cas, il sera libre d'en appeler.

Le décret étend de beaucoup, comme on voit, le cercle de la juridiction que l'art. 9 de la loi de 1806 avait restreint aux affaires dont le montant *n'excédait* pas la somme de 60 f. (V. le décret du 3 août 1810, qui porte le premier ressort à 100 fr.)

Le Conseil des Prud'hommes fixera également le jour affecté à la séance de ce bureau. Constitué en bureau général, il statue comme *juge*, après avoir tenté un nouvel essai de conciliation : l'expérience prouve qu'il concilie lui-même un grand nombre de différends. (V. *Comp.*, p. 211, et l'art. 21 ci-dessus.)

Le secrétaire ou son commis tient la plume. (V. ci-après, art. 26.)

L'huissier attaché assiste à l'audience et fait l'appel des causes sur le rôle dressé par le secrétaire.

Voir, art. 32 et suiv., le mode de jugement.

Art. 24. Le bureau général ne peut prendre de délibération que dans une séance où les *deux tiers* au moins de ses membres se trouveront présents.

Ses délibérations seront formées par l'avis de la majorité absolue des membres présents (de la moitié plus un).

Le bureau général est formé de droit par la réunion générale de *tous* les membres titulaires qui composent le conseil.

La loi de 1806, art. 8, exigeait, pour la validité de la

délibération, un nombre moindre que les deux tiers, cinq membres seulement sur neuf.

Dans l'état actuel, sur quinze membres titulaires, dix au moins doivent concourir au jugement, et le jugement ne peut passer qu'à la majorité de six voix contre quatre.

Plusieurs conseils ont demandé que le jugement pût être rendu par trois ou cinq juges, comme dans les autres tribunaux de première instance, à cause de la difficulté de réunir autant de personnes déjà si occupées par leurs propres affaires. Cette réclamation, qui n'a pas encore été accueillie, nous paraît mériter un examen sérieux. (V. *Comp.*, p. 212 (1).

Le délibéré a lieu en secret comme dans les autres tribunaux.

La loi ne donne point au président voix prépondérante. En cas de partage, les membres titulaires qui n'ont pas siégé sont convoqués. Pour la validité de la nouvelle délibération, il suffit, suivant nous, qu'un nouveau membre titulaire siége avec les premiers, puisque le décret ne prescrit rien de particulier à cet égard. Il est à désirer pourtant que tous se trouvent

(1) La loi a eu trois motifs : elle a considéré l'affaire comme devenue grave par le refus de conciliation ; elle a voulu faciliter le nouvel essai de conciliation par l'influence du nombre ; elle a entendu assurer d'autant mieux la présence d'un membre spécial, au moins, sur la question à juger. Cependant nous croyons que le nombre légal pourrait être réduit dans une juste proportion.

réunis, à raison de la gravité que le partage donne à la difficulté. Les débats doivent recommencer devant le bureau général ainsi recomposé.

Les suppléants peuvent assister au jugement, bien qu'ils ne délibèrent pas, si les deux tiers des titulaires siégent (V. ci-dessus, art. 18); ils ne sont alors mentionnés au jugement que comme *présents*. Leur assistance a pour résultat utile de les initier d'autant mieux à l'exercice des fonctions.

Art. 25. Il sera nommé, par le bureau *général* des Prud'hommes, un président et un vice-président. Le président et le vice-president ne seront en exercice que pendant une année. à l'expiration de laquelle il sera procédé à une nouvelle élection. L'un et l'autre sont toujours rééligibles.

L'article ne traçant pas le mode de ces élections, voici comment elles auront lieu, selon nous :

Par le bureau général qui doit élire, il faut entendre la réunion de tous les membres titulaires du Conseil, ou au moins des deux tiers. (V. l'art. 24.)

Les deux élections se feront au scrutin secret et individuel, en séance non publique.

Les suppléants n'ont pas droit d'y concourir (1), à moins que leur présence totale ou partielle ne soit nécessitée par l'empêchement d'autant de titulaires. Les suppléants sont appelés dans l'ordre indiqué, art. 18.

La majorité *absolue* est indispensable pour le pré-

____

(1) Ainsi décidé par M. le ministre du commerce, pour les élections du Conseil des métaux, à Paris.

sident et le vice-président, de même que pour les élections du Conseil. (V. ci-dessus, art. 15.)

Les suppléants ne peuvent être élus à ces deux fonctions. Autrement, la nomination, faisant du suppléant un *titulaire*, annulerait le vote des électeurs justiciables par un bouleversement de la loi.

Les fonctions du président sont déterminées par les diverses dispositions de la loi. — Le vice-président le supplée en cas d'empêchement.

Art. 26. Il sera attaché au bureau général des Prud'hommes un secrétaire, pour avoir soin des papiers, et tenir la plume pendant leurs séances; il sera nommé à la majorité *absolue* des suffrages; il pourra être révoqué à volonté; mais, dans ce cas, la délibération devra être signée par les deux tiers des Prud'hommes.

Il faut appliquer à la nomination du secrétaire le mode adopté, art. 25, pour celles du président et du vice-président; de même, à celle du commis institué par la loi de 1806, art. 31.

La révocation du secrétaire étant une mesure rigoureuse, le décret a voulu que le nombre des votes fût plus considérable dans ce cas. Il convient d'appliquer cette disposition à la révocation du commis.

Les fonctions de secrétaire ont de la ressemblance avec celles du greffier des tribunaux ordinaires, et sont tracées par diverses dispositions qu'il serait superflu d'indiquer.

Il siége à chaque séance des deux bureaux ; il y tient

une feuille d'audience en papier timbré, où est portée la minute des jugements, et un plumitif en papier non timbré, où il prend note des dires et moyens des parties ; il tient les registres des dessins et modèles, des marques, de l'inspection d'ateliers, etc., il garde les archives du Conseil.

On conçoit donc que le Conseil doit faire choix d'un homme instruit, probe, exact. Le premier devoir du secrétaire est d'économiser les frais pour les justiciables, et surtout pour les ouvriers (1). Si le secrétaire est un homme capable à tous ces titres, il conciliera lui-même bien des difficultés avant toute citation.

Le choix du commis a presque la même importance, puisqu'il peut être appelé à remplacer le secrétaire.

L'un et l'autre doivent prêter, devant le Conseil, serment de bien et fidèlement remplir les fonctions qui leur sont confiées. C'est une garantie nécessaire, quoique la loi ne l'exige pas.

Nous pensons qu'ils ont le caractère d'*officiers publics*, par la nature de leurs fonctions. (Art. 1317 du Code civ.)

A ce titre, ils doivent avoir l'âge de vingt-cinq ans accomplis, qui est exigé par la loi générale pour l'exercice de pareilles fonctions.

____

(1) En ménageant les citations, en donnant à la rédaction des jugements le plus de concision possible, en différant leur levée dans la prévision d'un payement, etc. Les occasions ne lui manquent pas.

Cependant, le secrétaire n'est pas obligé, comme le greffier des tribunaux ordinaires, de fournir un cautionnement aux termes de la loi du 28 avril 1816. Celui-ci est inamovible.

Le secrétaire et le commis ne sont point placés non plus, comme le greffier, sous l'incompatibilité prononcée par la loi du 27 germinal an VIII, à raison de leur parenté ou alliance avec les juges. (V. *Comp.*, p.83.)

Art. 27. Les jugements rendus par le bureau général des Prud'hommes, lorsque les parties n'auront pu être conciliées par le bureau particulier, seront mis à exécution vingt-quatre heures après la signification, et provisoirement, sauf l'appel devant le tribunal de commerce, ou à défaut du tribunal de commerce, devant le tribunal de première instance. Ils seront signés par le président ou le vice-président, et contresignés par le secrétaire ; ils seront signifiés à la partie condamnée, par un huissier qui sera *attaché au Conseil* des Prud'hommes.

L'article traite de l'exécution du jugement, avant les articles qui parlent du mode suivant lequel ce jugement doit être sollicité et rendu. (V. art. 32 et suiv.)

Deux remarques sont à faire sur la première partie : 1º En déclarant que l'exécution des jugements peut être poursuivie vingt-quatre heures après la signification, elle ne fait pas de distinction entre les diverses espèces de jugements définitifs ; 2º ils sont tous exécutoires par provision, sauf l'appel, mais sauf une restriction essentielle portée par l'article 39, qui doit être combiné avec celui-ci, c'est-à-dire sans caution jusqu'à concurrence de 300 fr. seulement, et avec caution au-delà de cette sommé. (V. cet art. 39, et l'art. 3 du décret du 3 août 1810.)

Ici, le jugement à signer, c'est *l'expédition*. (V. article 40, quant à la minute.

L'huissier *attaché* au Conseil, est pris parmi les officiers ministériels exerçant dans la localité.

Il est chargé de tous les actes qui regardent son ministère et tiennent à l'exercice de la juridiction des Prud'hommes. (V. ci-après les art. 30, 38, 42, etc.) Ses fonctions doivent être exclusives près d'eux.

Il assiste à chaque séance du bureau de jugement, ou même (ce qui n'a pas lieu dans l'usage), à celles du bureau particulier, si le Conseil le juge à propos.

C'est le bureau général qui doit désigner l'huissier ; il l'installe, après lui avoir fait prêter serment de bien et fidèlement remplir les fonctions qui lui sont confiées. (V. ci-dessus, art. 26.) La loi ne s'oppose point à ce que deux huissiers soient attachés au Conseil, si le besoin de son service l'exige. A Paris, il en a désigné deux.

Art. 28. Dans les cas urgents, les Conseils de Prud'hommes, de même que les bureaux particuliers, pourront *ordonner* telles mesures qui seront jugées nécessaires pour empêcher que les objets qui donnent lieu à une réclamation ne soient enlevés, ou déplacés, ou détériorés.

Cet article confirme ce que nous avons déjà dit, que le bureau particulier peut être appelé à rendre de véritables jugements. (V. encore art. 31, 33 et 34.)

Ainsi, des métiers ou des matières premières sont

8.

réclamés par un fabricant contre un chef d'atelier ou autre ouvrier ; l'un ou l'autre bureau a le droit d'ordonner, avant de s'occuper du différend, que les objets seront mis sous le scellé, ou apportés devant le bureau, ou placés dans les mains d'un tiers constitué séquestre. La loi ne lui a pas tracé de règles à cet égard ; il statue d'après sa sagesse, selon l'opportunité et l'urgence des circonstances.

Ce jugement est porté sur la feuille d'audience, levé et signifié, s'il y a lieu.

Le plus souvent, les Prud'hommes obtiendront que leur décision soit exécutée à l'amiable, et, dans ce cas, ils épargneront tous ces frais aux parties : c'est à quoi ils doivent tendre, avant tout.

Quant à l'appel de ces jugements, voir l'art. 47 ci-après.

S'ils sont rendus par défaut, ils doivent être levés et signifiés. (V. ci-après art. 45.) Je pense que la partie défaillante a le droit d'y former opposition, selon le principe du droit commun et en conformité de l'art. 43 ci-après. (Le voir.) Le bureau pourra ordonner l'exécution provisoire nonobstant opposition, attendu l'urgence. (Arg. de l'art. 135 du Code de pr. civ.)

Voir ci-après les art. 45, 46 et 47.

TITRE V.

DES CITATIONS.

Art. 29. Tout marchand fabricant, tout chef d'atelier, tout contre-maître, tout teinturier, tout ouvrier compagnon ou apprenti, appelé devant les Prud'hommes, sera tenu, sur une *simple lettre* de leur secrétaire, de s'y rendre en personne, au jour et à l'heure fixés, sans pouvoir se faire remplacer, hors le cas d'absence ou de maladie; alors seulement, il sera admis à se faire représenter par l'un de ses parents, négociant ou marchand, exclusivement porteur de sa procuration.

Le décret entre ici dans le règlement de la procédure à suivre devant les Prud'hommes. Il a calqué en très-grande partie ses dispositions sur la procédure des justices de paix. (V. art. 1ᵉʳ et suiv. du Code de pr. civ.) Et sans doute il convient de s'aider de celle-ci dans les cas analogues sur lesquels il ne s'est pas suffisamment expliqué. Cependant nous ne pensons pas que cette application par analogie doive être absolue. L'esprit de la loi sur l'institution des Prud'hommes nous paraît tendre, ayant tout, *à simplifier les formalités et à économiser les frais*. Nous poserons ce principe comme règle générale. (V. ci-après art. 43.)

La lettre de citation doit énoncer sommairement l'objet de l'appel, et être remise au moins vingt-quatre heures avant le jour indiqué pour la comparution. (V. art. 30 et 31.)

Nous croyons qu'elle doit être non pas jetée à la

poste, mais remise à son domicile par une personne préposée *ad hoc*. Il faut, en effet, que le Conseil puisse savoir, par la réponse du porteur, si la lettre a été ou non portée utilement, ou bien s'il y a changement de domicile. (V. art. 35, 2e partie.) A Rouen et à Lyon, la lettre est donnée au demandeur, qui se charge lui-même de la remettre. On a adopté ce moyen, parce qu'il amène souvent une conciliation, en rapprochant les parties. Il est usité de même à Paris. Au reste, il n'y a nul inconvénient à laisser le Conseil juge du moyen à employer, puisqu'il a toujours le droit d'ordonner une nouvelle citation, même par simple lettre, s'il pense que la première n'est pas parvenue à temps.

L'art. 29 consacre un principe important en cette matière, et que le Conseil doit maintenir avec la plus grande sévérité : il exclut les défenseurs étrangers, ceux salariés surtout, dont l'intervention rend presque toujours la conciliation impossible.

Quant à la représentation permise, le Conseil doit tenir rigoureusement à ce qu'elle ne s'exerce que dans les cas prévus par la loi et dûment justifiés. Mais il nous semble que la justice paternelle et économique des Prud'hommes peut admettre des équivalents sur les autres points; entendre comme représentant le parent, même non fabricant ou simple ouvrier, recevoir, comme preuve du mandat, une lettre écrite et signée par l'appelé.

Il est alloué 30 centimes au secrétaire pour le coût de la lettre. (V. art. 59.)

Art. 30. Si le particulier qui aurait été invité par le secrétaire à se rendre au bureau particulier, ou au bureau général des Prud'hommes, ne paraît point, il lui sera envoyé une citation qui lui sera remise par l'huissier attaché au conseil. Cette citation qui contiendra la date des jour, mois et an, les noms, profession et domicile du demandeur, les noms et demeure du défendeur, énoncera sommairement les motifs qui le font appeler.

Nous ne pensons pas que l'art. 4 du Code de proc. civ., qui établit une incompatibilité dans la personne de l'huissier de la justice de paix, à raison de sa parenté ou de son alliance avec le requérant, soit applicable devant les Prud'hommes. (V. *Comp.*, p. 194 et 195.) La loi spéciale ne déclare pas cette incompatibilité.

Bien que l'art. 30 ne prononce pas la nullité de la citation qui serait donnée par un huissier autre que l'huissier attaché au Conseil, nous croyons que le Conseil a le droit d'annuler cet acte, selon les circonstances qu'il apprécie. Autrement, son droit d'attache deviendrait illusoire.

Voir l'art. 60 ci-après pour le coût de l'exploit (1).

Art. 31. La citation sera notifiée au domicile du défendeur, et il y aura *un jour au moins* entre celui où elle aura été remise, et le jour indiqué pour la comparution, si la par-

______

(1) L'exploit est conçu dans les termes ordinaires.

tie est domiciliée dans la distance de trois myriamètres; si elle est domiciliée au-delà de cette distance, il sera ajouté un jour pour trois myriamètres.

Dans le cas où les délais n'auraient pas été observés, si le défendeur ne paraît point, les Prud'hommes *ordonneront* qu'il lui soit envoyé une nouvelle citation; alors les frais de la première citation seront à la charge du demandeur.

En cas de trop grand éloignement, le Conseil peut, afin d'épargner les frais de transport, ordonner que la citation sera remise par un huissier demeurant dans la localité, ou par celui qui en est le plus près. (V. notre obs. sur l'art. 30.)

L'huissier observera, pour la régularité de son exploit, les art. 4 et 68 du Code de pr. civ.

Il suit de là que le bureau général, ou même le bureau particulier, a le droit d'annuler la citation pour vice de forme, comme pour insuffisance du délai de comparution. Cette décision étant un jugement, sera portée sur la feuille d'audience, si l'une des parties le requiert. Le cité peut avoir intérêt à le requérir, si la citation tend à interrompre une prescription contre lui; le demandeur, s'il veut exercer un recours contre l'huissier qui aurait commis la nullité. Arg. de l'art. 71 Code de proc. civ. (V. *Comp.*, p. 196 et 197.)

TITRE VI.

DES SÉANCES DU BUREAU PARTICULIER ET DU BUREAU GÉNÉRAL DES PRUD'HOMMES , ET DE LA COMPARUTION DES PARTIES.

Art. 32. Au jour fixé par la lettre du secrétaire, ou par la citation de l'huissier, les parties comparaîtront devant le bureau particulier des Prud'hommes, sans pouvoir être admises à faire signifier aucunes défenses.

Pour régler l'ordre d'appel des causes dans chaque bureau, le secrétaire doit tenir, sur un registre ou cahier spécial, une note exacte des citations données par lettre ou exploit, au fur et à mesure de leur délivrance. Il fera ensuite le relevé de ces causes sur une feuille particulière qui servira pour l'appel, de manière à ce que les plus anciennes soient appelées les premières, à moins d'un cas d'urgence dont le président du bureau sera le seul juge.

Voir l'art. 29 ci-dessus, pour le réappel du cité non comparant en personne.

Si la loi n'admet la signification d'aucunes défenses, elle n'exige pas non plus que des conclusions écrites soient posées à l'audience par les parties ; souvent celles-ci ne savent ni écrire ni signer. Mais le secrétaire doit tenir, sur son plumitif, la note sommaire de leurs demandes, dires et moyens, pour servir soit au délibéré du bureau particulier, soit à l'instruction, en cas de renvoi devant le bureau général.

La conciliation étant la partie la plus importante des fonctions des Prud'hommes, il convient de donner quelques explications.

Le bureau particulier doit, pour remplir régulièrement et avec succès sa mission :

1º Examiner sa compétence (1) ;

2º Vérifier la régularité de la citation ;

3º Vérifier la qualité des parties et leurs exceptions ;

4º Employer tous les moyens propres à la conciliation.

Compétence. — Sur ce point, nous avons posé les règles, art. 6 de la loi de 1806. (La voir.)

Si le cité pense, d'après les règles posées, que le Conseil de Prud'hommes n'est pas compétent, il demandera son renvoi, avant de s'expliquer sur l'objet de la citation. Ou le demandeur consent au renvoi, ou il le conteste : dans le premier cas, le bureau délaisse les parties à se pourvoir ; dans le second, il ne peut pas statuer sur le déclinatoire, il doit les renvoyer devant le bureau général, qui jugera le déclinatoire. En effet, la proposition du déclinatoire équivalant au refus de conciliation, la mission dont le bureau particulier est chargé par la loi ne peut plus être remplie. (V. les suites du déclinatoire ci-après, art. 36.)

Citation des parties. — Nous avons dit quel en est

____

(1) C'est ce que le secrétaire doit faire le premier, avant de délivrer sa lettre de citation.

le mode (V. art. 29 et suiv.). Si elle est irrégulière, et si le cité a intérêt à se prévaloir de l'irrégularité (V. art. 31), il demandera cette nullité, avant toute exception, autre que celle d'incompétence, et surtout avant de défendre au fond de la demande. Autrement, il n'y serait plus recevable. Arg. de l'art. 173 Code de proc. civ. (V. *Comp.*, p. 202.)

Qualité des parties et exceptions. — La compétence étant admise, il s'agit de savoir si le demandeur a qualité pour former sa demande ; par exemple, dans l'espèce d'un mineur, s'il est émancipé ou représenté valablement par un tuteur ; dans l'espèce d'une femme, si elle est non mariée ou assistée par son mari, qui doit l'autoriser à ester en justice. (V. nos observ., *Comp.*, p. 190 et suiv.)

Pour des différends d'un intérêt presque toujours minime, l'humanité veut que les Prud'hommes ne tiennent pas trop rigoureusement aux conditions de la loi. (V. *Comp.*, p. 191, et notre *Contrat de louage*, n° 45.)

Ils doivent aussi, pour écarter les mauvaises chicanes et les frais inutiles, se montrer difficiles dans l'admission des exceptions dilatoires que la loi ordinaire accorde au défendeur. (Art. 174 et suivants du Code de proc. civ.) Cependant, s'il réclame un délai pour exercer devant eux une garantie contre un tiers, ils ne peuvent lui refuser la remise, à moins qu'ils ne se jugent pas compétents vis-à-vis de celui-ci. (V. *Comp.*, p. 202.) Ils fixeront le délai d'appel en garantie selon les circonstances, la loi spéciale ne le déterminant pas.

L'appel en garantie n'est possible qu'autant que l'appelé est lui-même justiciable du Conseil.

Le cité a le droit, tout en défendant à la demande, de présenter les réclamations qu'il aurait lui-même à adresser au demandeur, pourvu qu'elles rentrent dans la compétence des Prud'hommes. C'est ce qu'on appelle, en procédure, des conclusions *reconventionnelles*.

Moyens de conciliation. — Le devoir du bureau particulier est de *n'en négliger* aucun. Pour cela, il entendra les parties contradictoirement, avec toute la bienveillance et la longanimité nécessaires. (V. nos observ. sur l'art. 36 ci-après.) S'il croit utile de prendre des mesures préparatoires d'urgence ou d'instruction, il les ordonnera. (V. art. 28 ci-dessus et 46 ci-après.—V. art. 67, quant au *livret*.)

La loi ne dit pas que les séances de conciliation seront secrètes : rien ne s'oppose donc à ce qu'elles soient publiques.

La publicité peut être limitée aux parties appelées, pour ce jour-là, dans les diverses affaires : c'est ce parti moyen qui a été adopté à Paris (1).

Dans tous les cas, lorsque les explications et débats sont de nature à produire du scandale, par exemple,

____

(1) Une trop grande publicité, engageant les amours-propres, devient quelquefois un obstacle à la conciliation.

dans une contestation entre un maître et son apprentie qui se plaindrait d'avoir été outragée par lui, le bureau pourra ordonner le *huis-clos*. Le jugement sera prononcé en séance publique.

Art. 33. Elles seront tenues de s'expliquer avec modération, et de se conduire avec respect ; si elles ne le font point, elles seront d'abord rappelées à leurs devoirs par un avertissement du Prud'homme marchand-fabricant ; en cas de récidive, le bureau particulier pourra les condamner à une amende qui n'excédera pas 10 francs, avec affiches du jugement dans la ville où siége le conseil.

Cet article et le suivant, qui concernent le bureau général à plus forte raison, ont pour objet de maintenir la police de l'audience, et de réprimer le simple manquement au respect qui est dû à la justice, dans la personne des prud'hommes siégeant. (V. art. 10 et 11 Code proc., pour l'audience du juge de paix, et *Comp.*, page 209.) Ce sont eux qui caractérisent le fait à juger, sauf l'appel. (V. art. 35.)

Avant de statuer sur le manquement, le bureau doit annoncer à la partie qu'il se saisit du fait, en conformité de la loi, et l'inviter à lui présenter immédiatement ses explications et moyens de défense (1).

---

(1) Le jugement disciplinaire doit énoncer les circonstances du fait reproché, l'avertissement préalable donné par le prud'homme marchand fabricant, la récidive de l'individu averti, et les circonstances qui l'ont accompagnée, la défense du prévenu, ou son refus de défendre, les motifs et le dispositif de la décision rendue.

La minute doit être signée par les membres siégeant. (V. art. 40 ci-après.)

Si le prévenu se retire de l'audience sans vouloir se défendre, nous pensons que le bureau peut passer outre au jugement, qui sera réputé contradictoire.

Voir nos observations sur les art. 34 et 35.

Voir ci-après le décret du 3 août 1810, art. 4.

Art. 34. Dans le cas d'insulte ou d'irrévérence grave, le bureau particulier en dressera procès-verbal, et pourra condamner celui qui s'en sera rendu coupable, à un emprisonnement dont la durée ne pourra excéder trois jours.

Ici, il s'agit encore d'une offense commise envers les Prud'hommes, et la peine est plus forte, à raison de la plus grande gravité de l'offense. C'est pourquoi la loi n'exige pas qu'il y ait récidive, comme dans le cas de l'article précédent.

L'article 34 s'applique également au délit commis à l'égard du bureau général.

Lorsque l'article porte qu'il sera rédigé procès-verbal du fait préalablement au jugement, il suppose, suivant nous, ou que le jugement peut être ajourné à une prochaine séance, ou que ce fait dépasse le caractère d'un fait disciplinaire ou de simple police (1). Dans ce dernier cas, en effet, les Prud'hommes sont tenus de renvoyer le prévenu devant les juges compétents, en adressant le procès-verbal au procureur du roi. (V. *Comp.*, p. 210.)

---

(1) Le procès-verbal constate les circonstances du fait ; il est signé par les Prud'hommes siégeant, et par le secrétaire.

Le mode de jugement est le même que pour le cas de l'art. 33 (1). (V. nos observations sur ce point.)

Voir l'art. 35.

Art. 35. Les jugements, dans les cas prévus par les deux articles précédents, seront exécutoires par provision.

Voir l'art. 13 du Code de proc. civ.

En statuant ainsi, l'art. 35 suppose que ces jugements sont sujets à l'appel. En les déclarant exécutoires par provision, il déroge de plus au principe du droit criminel, suivant lequel l'appel est suspensif. (Art. 173 et 203 du Code d'inst. crim.)

Je pense qu'alors même que le jugement ne prononce pas l'emprisonnement ou une amende supérieure à 5 francs, les termes du décret s'opposent à ce qu'on applique l'art. 171 du même Code qui exclut l'appel. La disposition qui ordonne l'affiche du jugement en cas d'amende, art. 33, est d'ailleurs une aggravation de la peine. Nous rectifions notre première opinion (V. *Comp.*, nº 326.)

L'appel du jugement disciplinaire est déféré au tribunal civil de l'arrondissement jugeant correctionnellement, parce que la *nature* particulière du fait change ici la compétence, qui appartient au tribunal de commerce pour le fond : la loi ne fait pas de distinction. (V. le décret du 3 août 1810, art. 2.)

---

(1) La formule du jugement est la même que dans le cas de l'art. 33, sauf la mention de la récidive. Même observation pour la signature de la minute.

Art: 36. Les parties seront d'abord entendues contradictoirement, le bureau particulier ne négligera rien pour les concilier; s'il ne peut y parvenir, il les renverra, ainsi qu'il est dit à l'art. 22, devant le bureau général, qui statuera sur-le-champ.

A ce que nous avons dit sur l'art. 32, il suffit d'ajouter qu'après avoir entendu les parties dans leurs explications, avoir pris toutes les mesures préparatoires nécessaires à l'instruction, et autant que possible s'être fait apporter sur le bureau les objets litigieux, s'il s'agit de différends relatifs à des ouvrages mal confectionnés ou à des matières premières avariées, les membres du bureau doivent engager les parties à se rapprocher. Si elles ne s'entendent pas, le bureau leur présente les motifs et les bases de la conciliation qu'il estime juste et équitable; il les invite à l'accepter.

Lorsque la conciliation est acceptée, et que l'exécution n'est pas immédiate, le secrétaire doit rédiger, sans frais, sous la dictée du bureau ou avec son approbation, une note constatant les conditions d'arrangement. En cas d'inexécution, la partie lésée se pourvoira de nouveau devant eux, et la convention faite dictera leur décision (1). (V. ci-dessus, p 96.)

A défaut de conciliation, le secrétaire tiendra note

---

(1) Je ne verrais pas de difficulté à ce que les parties signassent la transaction. En pareille matière, sans doute, la régie de l'enregistrement ne réclamerait pas.

des propositions d'arrangement faites par le bureau particulier et du refus des parties, afin que le bureau général, qui va être saisi, puisse en prendre connaissance. Dans l'usage, on ne procède pas autrement. Néanmoins, l'art. 59 du décret porte qu'il sera rédigé procès-verbal du renvoi par le secrétaire, et qu'une expédition de cet acte sera remise au demandeur, qui la portera au bureau général. Nous pensons que la simple note suffit : elle épargne des frais inutiles.

Bureau général. — Le décret ne dit pas explicitement ce qui doit se passer dans la séance du bureau général. Évidemment, on reconnaît, par la rubrique du titre commune aux deux bureaux, qu'il entend appliquer à celui-ci les dispositions qui précèdent, art. 32, 33, 34 et 35. (V. nos observations sur chacun d'eux.)

Les causes sont appelées par l'huissier, sur un rôle qu'en dresse le secrétaire, d'après leur rang d'ancienneté.

Le bureau général commencera par vider la question de compétence, si la cause lui a été renvoyée par le bureau particulier, en état de déclinatoire.

Lorsque l'exception lui est proposée pour la première fois, et que le cité s'est expliqué sur le fond devant le bureau particulier, elle est non recevable, à moins qu'elle ne tienne *à la matière*; par exemple, s'il s'agissait d'une demande en payement de loyers.

Dans ce cas, le bureau général devrait même renvoyer la cause d'office. (V. *Comp.*, p. 215.) (1).

Il n'est pas nécessaire que les parties posent des conclusions écrites devant le bureau général; le secrétaire y tient aussi note de leurs dires, pour le cas d'appel.

Le bureau ne statuera qu'après avoir tenté lui-même la conciliation. La présence d'un plus grand nombre de juges influe puissamment sur le succès de ce nouvel essai.

L'audience est ouverte au public : il n'y a plus de motif pour restreindre la publicité.

Le bureau général peut ordonner le huis-clos, comme le bureau particulier. (V. ci-dessus, art. 32.) Mais, après le débat, il est tenu de rendre son jugement en audience publique. (V. art. 87 Code de proc. civ.)

Le bureau général a le droit de prononcer la contrainte *par corps,* dans les cas prévus par la loi seulement (V. *Comp.*, p. 219), et en fixant le temps que l'emprisonnement doit durer, à peine de nullité. (Loi du 17 avril 1832, art. 7.)

Il a toujours la faculté d'accorder la contrainte par corps pour la condamnation à des dommages-intérêts. (Art. 126 Code proc. civ.)

Il peut recevoir le serment déféré par l'une des par-

______

(1) Le jugement qui prononce le renvoi, est rédigé dans les termes les plus concis.

ties à l'autre, même le déférer *d'office*, selon les art. 1358 et suiv. du Code civ. Le serment est prêté par la partie en personne et en audience publique. (Art. 121 Code de proc. civ., et *Comp.*, p. 219 (1).

La partie qui succombe est condamnée aux dépens, art. 126 Code de proc. civ. (V. aussi l'art 127. (2)

Le jugement emporte hypothèque.

Voir art. 40 ci-après, pour la minute du jugement.

Art. 37. Lorsque l'une des parties déclarera vouloir s'inscrire en faux, déniera l'ecriture ou déclarera ne pas la reconnaître, le président du bureau général lui en donnera acte ; il paraphera la pièce et renverra la cause devant les juges auxquels en appartient la connaissance.

La pièce paraphée est conservée par le bureau et déposée dans les mains du secrétaire, qui la remettra à l'autorité judiciaire lorsque celle-ci le requerra.

Le renvoi dont parle l'art. 37 ne s'entend que de *l'incident* sur le faux ; le bureau doit retenir le fond, en prononçant un sursis jusqu'après le jugement de cet incident, puisque lui seul est compétent pour connaître du fond. (V. art. 14 et 427 Code de proc. civ.)

(1) Le président invite la partie à lever la main droite ; il lui pose, d'une manière très-précise, le fait sur lequel le serment doit porter, et lui dit : *Affirmez-vous que le fait se soit ainsi passé ?* Celle-ci doit répondre : *Je le jure,* sans autre explication.

(2) Tout jugement doit contenir les conclusions des parties, le point de fait, si les conclusions ne l'indiquent pas suffisamment ; le point de droit, les motifs et le dispositif. Le secrétaire ne peut être trop laconique dans sa rédaction, afin de diminuer les frais toujours onéreux dans ces affaires.

Si la pièce n'est relative qu'à l'un des chefs de la demande, il a le droit de passer outre au jugement des autres chefs. (Même art. 427.)

L'incident sur le faux est porté par la partie intéressée devant le Tribunal civil dans le ressort duquel le Conseil de Prud'hommes a son siége, ou, sur une plainte en faux principal, devant les tribunaux criminels. (V. les art. 195 et suiv., 214 et suiv. du Code de proc. civ.) S'il y a juste prévention de crime, le bureau peut dénoncer le fait au procureur du roi. (Art. 448 et suiv. Code pénal.)

Si l'incident s'élève devant le bureau particulier, je pense, d'après l'art. 37, que celui-ci doit renvoyer les parties dont la conciliation devient impossible, devant le bureau général qui statuera sur l'incident. Provisoirement, le bureau particulier retiendra la pièce arguée de faux, en la paraphant.

V. *Comp.*, p. 217 et suiv.

Art. 38. L'appel des jugements des Conseils de Prud'hommes ne sera pas recevable après les trois mois de la signification faite par l'huissier attaché à ces Conseils.

La signification irrégulière et nulle ne fait pas courir le délai. (V. ci-dessus art. 29 et suiv.; V. aussi art. 66, 67, 68 et 70 Code proc. civ.)

L'appel est porté devant le tribunal de commerce de l'arrondissement, et à défaut de tribunal de commerce, devant le tribunal civil de première instance, qui en fait fonctions. (V. ci-après le décret du 3 août 1810, art. 2.)

Pour les formalités d'appel, voir les art. 443 et suivants du Code de proc. civ.

Je ne pense pas que le bureau général puisse, pour proroger le délai d'appel, user du droit qui lui est conféré par l'art. 43 ci-après : le cas n'est plus le même et le délai de trois mois est assez long.

Art. 39. Les jugements des Conseils de Prud'hommes, jusqu'à concurrence de 300 francs, seront exécutoires par provision, nonobstant l'appel et sans qu'il soit besoin, par la partie qui a obtenu gain de cause, de fournir caution.

Voir l'art. 3 du décret du 3 août 1810, qui étend le chiffre de l'exécution provisoire, mais avec une caution.

Voir aussi l'art. 3 de la loi de 1806 et l'art. 23 du présent décret.

Art. 40. Les minutes de *tout* jugement seront portées par le secrétaire sur la feuille de la séance, signées par les Prud'hommes qui auront été présents, et contresignées par lui.

Tout jugement…, c'est-à-dire contradictoire ou par défaut, définitif ou non définitif, soit qu'il émane du bureau particulier ou du bureau général.

Le jugement, après la délibération faite en bureau, est rédigé par le secrétaire, à moins que le président ou un membre désigné par lui ne se charge de ce soin : ce qui est de beaucoup préférable dans les affaires offrant de la gravité.

Nous rappelons que le nombre des membres nécessairement présents dans le bureau général, est au moins des *deux tiers* (1). (V. ci-dessus art. 24.)

La feuille d'audience est toujours sur papier timbré (2).

Pour la signature des expéditions de jugements, voir ci-dessus art. 27.

TITRE VII.

DES JUGEMENTS PAR DÉFAUT ET DES OPPOSITIONS A CES JUGEMENTS.

Art. 44. Si, au jour indiqué par la lettre du secrétaire ou par la citation de l'huissier, l'une des parties ne comparaît pas, la cause sera jugée par défaut, sauf l'envoi d'une nouvelle citation, dans le cas prévu au dernier paragraphe de l'art. 34.

Voir cet art. 31.

On a dit que la comparution peut avoir lieu par un représentant dans certains cas. (V. ci-dessus, art. 32.)

Lorsque deux ou plusieurs parties ont été citées à des délais différents, il faut attendre l'expiration du

---

(1) Plusieurs Conseils de Prud'hommes ont réclamé, avec raison, contre la difficulté de réunir toutes ces signatures. Il suffirait que la minute fût signée par le président, comme les jugements des tribunaux de première instance, et même les arrêts de cours royales.

(2) Pour économiser le papier timbré, le secrétaire peut porter les jugements à la suite les uns des autres, bien que rendus à des audiences différentes. Cela se pratique ainsi à Rouen.

plus long délai pour pouvoir requérir le défaut (arg. de l'art. 151, Code proc. civ.). Si, à ce jour, l'une comparait et l'autre fait défaut, nous pensons que le Conseil peut prononcer défaut contre celle-ci, et ordonner sa réassignation, par simple lettre ou par exploit, pour adjuger le profit du défaut en statuant, au nouveau jour indiqué, par un seul et même jugement, tant à son égard que vis-à-vis de la partie comparante. Si le réassigné ne comparait pas, le jugement sera réputé contradictoire avec lui. (V. art. 153 Code proc. civ.; *Comp.*, p. 229, et art. 44 ci-après.)

Nous conseillons, toutefois, aux Prud'hommes de ne recourir à ce moyen coûteux, qu'après avoir tenté le réappel du défaillant par une nouvelle lettre ou un exploit d'assignation. La division des deux causes serait même un inconvénient moindre pour la plupart du temps (1).   —

Le Conseil est dans le droit et le devoir de rejeter la demande, lorsqu'il ne la trouve pas juste et bien vérifiée. (Art. 165, Code proc. civ.)

Le décret ne disant pas que le jugement par défaut sera périmé, faute d'avoir été exécuté dans les six mois (V. art. 156 Code proc. civ.), il n'y a pas lieu de prononcer cette péremption. (V. *Comp.*, p. 233.)

Art. 42. La partie condamnée par défaut pourra former

______

(1) Les jugements par défaut, et de *profit joint,* sont rédigés suivant la formule ordinaire. V. note 2, p. 105.

opposition dans les trois jours de la signification faite par l'huissier du Conseil. Cette opposition contiendra sommairement les moyens de la partie et assignation au premier jour de séance du Conseil de Prud'hommes, en observant toutefois les délais prescrits pour les citations ; elle indiquera en même temps les jour et heure de la comparution, et sera notifiée ainsi qu'il est dit ci-dessus (1).

Cet article et les suivants s'appliquent aux jugements rendus, soit par le bureau général, soit par le bureau particulier. (V. ci-dessus art. 28, 33 et 34.)

Le délai de *trois* jours peut être augmenté par le Conseil. (V. l'art. 43 suivant.)

Si l'huissier du Conseil est empêché, ou si l'éloignement de la partie condamnée doit entraîner un surcroît de frais, le Conseil a la faculté de commettre un autre huissier. (V. ci-dessus art. 27.)

Le délai pour la comparution sur l'assignation est d'un jour franc, au moins (art. 31 ci-dessus).

V. art. 44.

Art. 43. Si le Conseil de Prud'hommes sait par lui-même, ou par les représentations qui lui seront faites par les proches voisins ou amis du défendeur, que celui-ci n'a pu être instruit de la contestation, il pourra, en adjugeant le défaut, fixer, pour le délai de l'opposition, le délai qui lui paraîtra convenable ; et dans le cas où la prorogation n'aurait été ni accordée d'office ni demandée, le défaillant pourra être relevé de la rigueur du délai et admis à opposition, en justi-

_____

(1) L'opposition est conçue dans les termes usités pour l'opposition aux jugements des tribunaux ordinaires.

fiant qu'à raison d'absence ou de maladie grave, il n'a pu être instruit de la contestation.

Cet article, qui confirme le principe que nous avons posé art. 29, prouve combien l'esprit de la loi répugne à la rigueur des formalités en cette matière. Aussi, les Prud'hommes doivent-ils être facilement disposés à accueillir l'opposition, qui les met à portée d'entendre contradictoirement les parties, et d'opérer leur rapprochement sans nouveaux frais.

Si donc le jugement par défaut ne proroge pas le délai de trois jours, le condamné qui a des justifications à présenter, formera son opposition conformément à l'art. 42, et le bureau qui a rendu ce jugement les appréciera.

Il suit des art. 42 et 43 combinés que, sauf l'exception portée en l'art. 43, l'opposition n'est plus recevable après les trois jours de la signification. (V. *Comp.*, p. 231.)

Pendant les trois jours, il n'est pas permis de suivre l'exécution du jugement. Telle est la règle du droit commun. (Art. 155, Code proc. civ.) Et il serait à désirer que la loi permît d'admettre l'exception, d'ailleurs conforme à l'esprit de l'institution : c'est que l'exécution provisoire pût être ordonnée nonobstant l'opposition, avec ou sans caution, en cas d'urgence et de péril en la demeure.— V. la note p. 138.

Art. 44. La partie opposante qui se laisserait juger une

seconde fois par défaut, ne sera plus admise à former une nouvelle opposition.

Cette disposition est de droit commun. Le jugement est alors réputé contradictoire. (V. ci-dessus art. 41.)

Lorsque les jugements par défaut ne sont plus susceptibles d'opposition, l'appel reste ouvert à la partie condamnée, pourvu qu'elle le forme dans le délai légal de trois mois. (V. ci-dessus art. 38.)

S'il y a eu opposition et par suite deuxième jugement contradictoire, ou réputé tel selon l'art. 44, le délai ne court qu'à partir de la signification de ce jugement. (V. l'art. 38.) — S'il n'y a point eu d'opposition, il court à partir du jour où l'opposition a cessé d'être recevable, c'est-à-dire du troisième jour de l'art. 42, ou du dernier jour de la prorogation accordée par le jugement suivant l'art. 43.

L'appel n'est pas recevable pendant le délai de l'opposition. (V. *Comp.*, p. 233.)

TITRE VIII.

DES JUGEMENTS QUI NE SONT PAS DÉFINITIFS, ET DE LEUR EXÉCUTION.

Art. 45. Les jugements qui ne seront pas définitifs ne seront point expédiés, quand ils auront été rendus contradictoirement et prononcés en présence des parties.

Dans le cas où le jugement ordonnerait une opération à laquelle les parties devraient assister, il indiquera le lieu, le jour et l'heure ; et la prononciation vaudra citation.

Par ces expressions « jugements *non définitifs*, » il faut entendre tous ceux qui émanent des deux bureaux, et qui, ne prononçant pas définitivement sur la contestation, ordonnent une mesure préalable ou provisoire, dont l'objet est d'établir l'instruction et de préparer le jugement, alors même qu'ils préjugeraient le fond. Il n'y a pas lieu à admettre la distinction faite par l'art. 452 du Code de procédure, pour les matières ordinaires, entre les jugements interlocutoires ou simplement préparatoires. Le décret place tous ces jugements non définifs sous des règles *communes*. (V. art. 46 et 47.) — (V. *Comp.*, p. 235 et 237.)

L'art. 45 ne dispense pas le secrétaire de porter les jugements non définitifs sur la feuille d'audience. (V. art. 46.) Cependant il est à désirer que cette formalité, qui entraîne un droit d'enregistrement, soit épargnée aux parties, autant que possible. C'est ce qui se fait dans la pratique (1).

S'ils ont été rendus par défaut, ils doivent être levés et signifiés. (V. ci-dessus art. 42 et suiv.)

Les Prud'hommes pourraient commettre un expert

____

(1) Le secrétaire ne perdra pas de vue notre recommandation, qui s'applique à tous les cas semblables, et le président du Conseil y veillera. — V. p. 87 et la note.

étranger, s'il s'agissait, par extraordinaire, de décider une question qui sortit de leur spécialité. (V. *Comp.*, p. 236.) Ils ont le droit de le dispenser du serment.— Si le serment est ordonné, le jugement commet le président pour le recevoir..— Quelquefois, ils demandent l'avis d'un tiers, à titre de renseignement et sans frais.

Art. 46. Toutes les fois qu'un ou plusieurs prud'hommes jugeront devoir se transporter dans une manufacture ou dans des ateliers, pour apprécier par leurs propres yeux l'exactitude de quelques faits qui auraient été allégués, ils seront accompagnés de leur secrétaire qui apportera la minute du jugement préparatoire.

Un seul membre peut être délégué par le bureau.

Au lieu du transport officiel ordonné par un jugement qui occasionne des frais, le bureau a le droit d'avertir les parties, qu'un ou plusieurs membres effectueront la visite, en leur présence et avant le délibéré.

Art. 47. Il n'y aura lieu à l'appel des jugements préparatoires qu'après le jugement définitif, et conjointement avec l'appel de ce jugement; mais l'exécution des jugements préparatoires ne portera aucun préjudice aux droits des parties sur l'appel, sans qu'elles soient obligées de faire à cet égard aucune protestation ni réserve.

V. ci-dessus, quant à l'appel, art. 38 et 44.

Bien que l'art. 47 désigne les jugements sous la dénomination de préparatoires, je ne crois pas qu'il entende revenir à la distinction dont j'ai parlé article 45, et qu'il suppose, qu'aux termes de l'article 456 du Code de procédure civile, on pourra ap-

peler, même avant le jugement définitif, des jugements que ce Code appelle interlocutoires. Il ne
faut pas oublier que la rubrique du titre sous lequel
notre article 47 est placé traite des jugements non
définitifs, c'est-à-dire de tous ces jugements, et, par
conséquent, de ceux dits interlocutoires; que, d'un
autre côté, l'esprit de la loi spéciale tend à l'abrévia-
tion des délais et à l'économie des frais. (V. notre obs.,
art. 29.)

Le jugement qui annulerait l'exploit de citation,
serait définitif.

TITRE IX.

DES ENQUÊTES.

Art. 48. Si les parties sont contraires en faits *de nature*
à être constatés par témoins, et dont le Conseil des Prud'-
hommes trouve la vérification utile et admissible, il ordonnera la preuve, et en fixera précisément l'objet.

Il ne peut s'agir d'une enquête régulière que devant
le bureau général, alors que la conciliation préliminaire a été impossible (1).

Tous les faits ne sont pas susceptibles de la preuve
testimoniale, il faut que la loi la permette. Ce genre

_____

(1) Le jugement qui ordonne l'enquête doit spécifier, avec soin, *les
faits* sur lesquels les témoins auront à déposer, outre les autres
conditions exigées.—V. p. 105, note 2.

de preuve est d'ailleurs dangereux, en ce que la mémoire ou la probité des témoins peut être douteuse. Il ne doit être employé qu'avec une extrême réserve.

Si la contestation est commerciale, la preuve est toujours permise. (art. 109 Code de com.) S'il s'agit d'une contestation civile, il n'y a lieu à la preuve qu'autant que les parties sont dans les conditions voulues par les art. 1341, 1347 et 1353 Code civ.) (V. *Comp.*, p. 240, et *Louage*, p. 69.)

Quand une enquête est ordonnée, la contre-enquête est de droit. (art. 256, Code de proc. civ.)

Les Prud'hommes ont un moyen plus expéditif, en même temps qu'il n'entraine aucun frais : c'est d'entendre, *à titre de renseignements*, et du consentement des deux parties, les témoins que l'une d'elles ou toutes deux leur présenteront. Les témoins sont entendus séparément (V. art. 50), et ne prêtent pas serment. On procède ainsi à Rouen et à Paris.

Nous pensons que le bureau particulier peut recourir lui-même à ce moyen, du consentement des parties, pour faciliter la conciliation.

Art. 49. Au jour indiqué, les témoins, après avoir dit leurs noms, prénoms, profession, âge et demeure, feront le serment de dire la vérité, et déclareront s'ils sont parents ou alliés des parties, et à quel degré, et s'ils sont leurs serviteurs ou leurs domestiques.

Le jugement indique le jour de l'audition des témoins; elle a lieu en séance publique.

Ils peuvent comparaître volontairement ou être cités par une simple lettre du secrétaire. La citation par huissier est le plus sûr moyen de les faire arriver. Le jugement ne leur étant pas signifié, il convient que la lettre ou l'exploit leur indique les faits précisés par lui, et *sur lesquels ils ont à déposer* (1).

Les parties ne sont pas tenues de se dénoncer mutuellement le nom de leurs témoins.

Bien que le décret ne prononce ni amende ni peine contre les témoins défaillants (V. art. 263, 264 et 265 Code proc. civ.), leur devoir est d'obéir à justice; au cas de défaut non justifié, ils restent seulement passibles de dommages-intérêts envers la partie qui les a fait appeler, s'ils lui ont causé un préjudice, dans les termes ordinaires du droit. (V. *Comp.*, p. 242.) Les Prud'hommes ne sont pas compétents pour statuer sur cette réclamation.

Le serment des témoins est reçu par le bureau général.

Ils sont interrogés par le président.

Art. 50. Ils seront entendus séparément, hors comme en la présence des parties, ainsi que le Conseil de Prud'hommes l'avisera bien. Les parties seront tenues de fournir leurs reproches avant sa déposition, et de les signer; si elles ne le savent pas ou ne le peuvent, il en sera fait mention.

Pour que les témoins soient entendus *séparément,*

____

(1) Il leur est alloué une taxe. (V. art. 61.)

dans le sens de la loi, le président ordonnera qu'ils se retireront hors de l'auditoire, et qu'ils seront introduits, chacun à son tour, pour déposer.

L'article 50 ne dit pas quels sont les reproches que les parties peuvent adresser aux témoins. Nous pensons qu'il s'en réfère sur ce point aux art. 182 et suivants du Code de proc. civ., en matière ordinaire. Dans tous les cas, le témoin reproché sera entendu, sauf aux Prud'hommes à avoir tel égard que de raison à sa déposition.

Le reproche est signé, s'il y a lieu à un procès-verbal d'enquête (V. ci-après art. 52); sinon, il suffit que le secrétaire en tienne note, et que le jugement en fasse mention. (V. art. 53.)

Art. 51. Les parties n'interrompront point les témoins; après la déposition, le président du Conseil de Prud'hommes pourra, sur la réquisition des parties, et même d'office, faire aux témoins les interpellations qu'il jugera convenables.

Les parties doivent s'expliquer avec modération, et sans invectiver les témoins. (V. art. 33 et 34.)

Si l'audition des témoins ne finit pas dans la séance, le bureau général a le droit de remettre l'enquête à la séance suivante, ou à une audience extraordinaire qu'il indiquera aux parties et aux témoins. (V. la disposition finale de l'art. suivant.)

Art. 52. Dans les causes sujettes à l'appel, le secrétaire du Conseil dressera procès-verbal de l'audition des témoins; cet acte contiendra leurs noms, prénoms, âge, profession et demeure ; leur serment de dire la vérité, leur déclaration s'ils sont parents, alliés, serviteurs ou domestiques des parties, et les reproches qui auraient été fournis contre eux. Lecture de ce procès-verbal sera faite à chaque témoin, pour la partie qui le concerne ; il signera la déposition, ou mention sera faite qu'il ne sait ou ne peut signer. Le procès-verbal sera en outre signé par le président du Conseil, et contresigné par le secrétaire. Il sera procédé immédiatement au jugement, ou au plus tard à la première séance.

Les causes sujettes à l'appel sont celles dont l'objet excède 100 fr. (V. ci-après l'article 2 du décret du 3 août 1810.)

Le procès-verbal doit être porté sur papier timbré (1).

Art. 53. Dans les causes de nature à être jugées en dernier ressort, il ne sera point dressé de procès-verbal, mais le jugement énoncera les noms, âge, profession et demeure des témoins, leur serment, leur déclaration s'ils sont parents, alliés, serviteurs ou domestiques des parties, les reproches et le résultat des dépositions.

Les causes sujettes au dernier ressort sont celles dont l'objet se trouve *inférieur* à 100 fr. (V. l'art. 52, et le décret du 3 août 1810, art. 2.)

Le secrétaire tient note des dépositions sur son plu-

____

(1) La disposition de la loi est si détaillée qu'elle trace elle-même la formule du procès-verbal, qui doit être aussi concis que possible. (V. la note sur l'art. 53.)

mitif ou cahier d'audience, pour préparer la rédaction
du jugement (1).

—

TITRE X.

DE LA RÉCUSATION DES PRUD'HOMMES.

Art. 54. Un ou plusieurs prud'hommes peuvent être ré-
cusés :

1° Quand ils auront un intérêt personnel à la contestation ;

2° Quand ils seront parents ou alliés de l'une des parties,
jusqu'au degré de cousin germain inclusivement ;

3° Si, dans l'année qui a précédé la récusation, il y a eu
procès criminel entre eux et l'une des parties ou son conjoint, ou ses parents et alliés en ligne directe ;

4° S'il y a procès civil existant entre eux et l'une des parties ou son conjoint ;

5° S'ils ont donné un avis écrit dans l'affaire.

Sur la *prise à partie*, V. l'art. 33 de la loi de 1806.

Les cas de récusation qui sont communs aux juges
ordinaires, se présentent très-rarement. Lorsqu'un
juge croit qu'il y serait soumis, il s'abstient de lui-
même. Les Prud'hommes imiteront cette sage con-
duite. (V. *Comp.*, p. 203.)

______

(1) Le jugement retracera sommairement le résultat des dépositions reçues, pour économiser les frais d'expédition. Il mentionnera
le serment des témoins.—Le jugement, rendu dans le cas de l'article
52, se borne à énoncer le résultat de l'enquête par ses motifs.

La récusation peut être dirigée contre les Prud'-hommes siégeant dans l'un ou l'autre bureau.

Art. 55. La partie qui voudra récuser un ou plusieurs prud'hommes, sera tenu de former sa récusation, et d'en exposer *les motifs* par un acte qu'elle fera signifier au secrétaire du Conseil, par le premier huissier requis. L'exploit sera signé, sur l'original et la copie, par la partie ou son fondé de pouvoir. La copie sera déposée sur le bureau du Conseil, et communiquée immédiatement au prud'homme qui sera récusé.

La récusation est déposée sur le bureau du Conseil où siège le prud'homme récusé, c'est-à-dire, soit au bureau particulier, soit au bureau général.

Le ministère de l'huissier attaché au Conseil n'est plus nécessaire.

Art. 56. Le prud'homme sera tenu de donner au bas de cet acte, dans le délai de deux jours, sa déclaration par écrit, portant son acquiescement à sa récusation, ou son refus de s'abstenir, avec ses réponses aux moyens de récusation.

Cette déclaration sera signée par le prud'homme récusé, et restera en minute au secrétariat. (V. l'article suivant.)

Art. 57. Dans les trois jours de la réponse du prud'homme qui refuse de s'abstenir, ou faute par lui de répondre, une expédition de l'acte de récusation et de la déclaration du prud'homme, s'il y en a, sera envoyée par le président du Conseil au président du tribunal de commerce, dans le ressort duquel le Conseil est situé. La récusation y sera jugée en dernier ressort dans la huitaine, sans qu'il soit besoin d'appeler les parties.

L'envoi de l'expédition sera fait au président du tribunal civil, lorsqu'il n'existera pas de tribunal de commerce. (V. ci-dessus art. 27.) Il est fait par le président du Conseil.

L'expédition doit être signée par le président, et contresignée par le secrétaire. (Arg. du même article.)

Le tribunal statue en chambre du conseil.

Si le récusant succombe, il n'est point passible d'une amende, comme en matière ordinaire (art. 590 Code proc. civ.) : le décret n'en prononce pas. Mais il peut être condamné, selon les circonstances, à des dommages-intérêts envers le prud'homme injustement récusé, si celui-ci en réclame. (V. *Comp.*, p. 266.)

Le Conseil de Prud'hommes ne serait pas compétent pour statuer sur cette réclamation.

Le tribunal de commerce pourrait-il en connaître? Je ne le pense pas. Il est lui-même un tribunal d'exception, et sa compétence est limitée par le décret au jugement de la récusation. D'un autre côté, une question de dommages-intérêts rentre dans l'intérêt privé et doit être débattue en audience publique.

TITRE XI.

DÉS SOMMES QUI SERONT PAYÉES AUX SECRÉTAIRES DES CONSEILS DE PRUD'HOMMES, AUX GREFFIERS DES TRIBUNAUX DE COMMERCE ET AUX HUISSIERS.

Art. 58. Les parties pourront toujours se présenter *volon-*

tairement devant les Prud'hommes pour être conciliées par eux ; dans ce cas, elles seront tenues de déclarer qu'elles demandent leurs bons offices. Cette déclaration sera signée par elles, ou mention en sera faite, si elles ne savent signer. Il ne sera rien payé pour cet objet.

Cette disposition a pour objet de prévenir les retards, par conséquent les irritations et empêchements de travail qui en sont la suite. Le bureau particulier, tenant cinq ou six audiences par semaine dans beaucoup de localités, les parties ont, à tout instant, le moyen d'obtenir justice. C'est l'un des plus précieux avantages de la juridiction.

La déclaration est portée sur papier non timbré.

L'article suppose que les parties sont justiciables du Conseil, et lui soumettent une question qui rentre dans sa compétence.

Nous avons dit que souvent des parties non justiciables du Conseil viennent lui soumettre leur différend, et qu'il ne refuse jamais de s'en occuper. (V. ci-dessus pag. 24, et *Comp.*, p. 170 et 198 (1).

Art. 59. Il sera payé aux secrétaires des Conseils de Prud'hommes, les sommes suivantes :

---

(1) Si le législateur ne se déterminait pas à étendre la juridiction à toutes les industries, ainsi que nous en avons exprimé le vœu sur l'article cité, il serait utile du moins qu'il *prorogeât* cette juridiction sur la demande des parties, comme il l'a fait pour les juges de paix, article 7 du Code de procédure civile. Cette saisine légale, accordée aux Prud'hommes, ferait cesser les difficultés et les frais que peut occasionner un arbitrage volontaire.

Pour la lettre d'invitation de se rendre au Conseil, trente centimes, ci.. 0 30

Pour chaque rôle d'expédition qu'ils délivreront et qui contiendra vingt lignes à la page et dix syllabes à la ligne, quarante centimes, ci....................... 0 40

Pour l'expédition du procès-verbal qui constate que les parties n'ont pu être conciliées, et qui ne doit contenir qu'une mention sommaire qu'elles n'ont pu s'accorder, quatre-vingts centimes, ci..................... 0 80

Pour l'expédition du procès-verbal qui constate le dépôt du modèle d'une marque, trois francs, ci...... 3 »

Les droits dus au secrétaire lui sont payés directement par les parties. Elles doivent lui rembourser en outre le papier timbré de la minute, celui de l'expédition et l'enregistrement qu'il aurait avancé. (V. ci-dessus article 32 de la loi de 1806, et ci-après article 62.)

La diminution des lignes ou du nombre de syllabes dans la ligne, si elle avait lieu avec intention frauduleuse, serait, de sa part, une contravention à l'art. 63. (V. cet article.)

La minute du procès-verbal de non-conciliation, et toutes les minutes en général n'entraînent aucun droit à son profit.

Le tarif qui alloue 3 francs pour l'expédition du procès-verbal constatant le dépôt d'une marque, ne parle pas du dépôt des modèles et dessins de fabrique. (V. ci-dessus art. 15 et 16 de la loi de 1806.) C'est une lacune, et les Conseils autorisent ordinairement le secrétaire à percevoir le droit fixé pour les marques. Il y a identité de raison (1).

On se rappelle que le secrétaire reçoit un traitement fixe qui l'indemnise de ses actes non tarifés. (V. ci-dessus art. 31 de la loi de 1806.)

Son commis, qui a lui-même un traitement fixe, ne prend aucune part dans les droits alloués.

V. l'art. 63 ci-après.

Art. 60. Il est alloué les sommes suivantes :

Au greffier du tribunal de commerce, pour l'expédition du procès-verbal, qui constatera le dépôt du modèle d'une marque, trois francs, ci............................... 3 »

A l'huissier attaché au Conseil de Prud'hommes pour chaque citation, un franc vingt-cinq centimes, ci 1 25

Au même, pour la signification d'un jugement, un franc soixante-quinze centimes, ci................. 1 75

S'il y a une distance de plus d'un demi-myriamètre entre la demeure de l'huissier et le lieu où devront être remises la citation et la signification, il sera payé par myriamètre, aller et retour,

Pour la citation, un franc soixante-quinze centimes, ci.. 1 75

Pour la signification, deux francs, ci............ 2

Pour la copie des pièces, qui pourra être donnée avec les jugements rendus, il sera payé à l'huissier, par chaque rôle d'expédition de vingt lignes à la page et de dix syllabes à la ligne, vingt centimes, ci.......... 0 20

____

(1) Toutefois, nous croyons que le Conseil doit rarement accorder de pareilles autorisations. Autrement, il s'érigerait en législateur, et surchargerait les parties.

Le décret ne dit pas que le registre tenu par le greffier du tribunal de commerce doive être, comme celui du secrétaire des Prud'hommes, en papier timbré : il y a même motif pour que le registre du greffier soit conforme à l'autre.

Le décret n'accorde à l'huissier aucun droit ni pour appel de cause, ni pour assistance aux séances des deux bureaux. (V. ci-après art. 69.)

Art. 64. Il sera taxé, aux témoins entendus par les Conseils de Prud'hommes, une somme équivalente à une journée de travail, même à une double journée, si le témoin a été obligé de se faire remplacer dans sa profession. Cette taxation est laissée à la prudence des Conseils et des maires.

Si le témoin n'a pas de profession, il lui sera taxé deux francs.

Il ne lui sera pas passé de frais de voyage, s'il est domicilié dans le canton où il est entendu ; s'il est domicilié hors du canton et à une distance de plus de 2 myriamètres et demi du lieu où il fera sa déposition, il lui sera alloué, autant de fois une somme double de journées de travail, ou une somme de quatre francs, qu'il y aura de fois cinq myriamètres de distance entre son domicile et le lieu où il aura déposé.

V. ci-dessus les art. 52 et 53.

La taxation, dit le 1er § de l'art. 61, est laissée à la prudence des Conseils *et des maires*. Je pense que les maires sont seulement appelés à donner leur avis, en attestant la nécessité où le témoin aurait été de se faire remplacer dans sa profession. C'est le Conseil qui doit fixer la taxe selon le principe ordinaire, parce que c'est devant lui que l'audition du témoin a lieu.

La taxe, émanant du Conseil, devient *exécutoire* au profit du témoin contre la partie qui l'a fait citer. (Arg. de l'art. 277, Code proc. civ.)

Art. 62. Au moyen de la taxation dont il est question dans les art. 59, 60 et 61, les frais de papier, de registres et d'expédition, seront à la charge des secrétaires des Conseils de Prud'hommes.

Dans le silence du décret, et vu la modicité de l'acte, il nous paraît que le Conseil peut porter la taxe sur la lettre ou l'exploit adressé au témoin. Cette taxe sera signée seulement par le président et le secrétaire (1).

Nous avons dit art. 60, que le papier *timbré* n'est pas à la charge du secrétaire. L'art. 32 de la loi de 1806 déclare qu'il lui sera remboursé par les parties, et si le décret eût voulu y déroger, il aurait parlé du papier timbré spécialement. D'autre part, la dépense faite par le secrétaire pour ce papier excéderait souvent le droit qui lui est alloué. Les expéditions de non-conciliation et de jugement lui sont payées à raison de 40 centimes par chaque rôle, et une feuille de papier timbré, contenant deux rôles, coûte, à elle seule, 90 centimes.

Si les droits du secrétaire sont minimes, il est possible de l'en indemniser par une fixation plus forte de son traitement, à raison de l'importance du conseil.

_____

(1) La taxe est formulée par ces seuls mots : *taxé à…*

Art. 63. Tout secrétaire des Conseils de Prud'hommes, tout greffier de tribunaux de commerce, tout huissier, convaincu d'avoir exigé une taxe plus forte que celle qui leur est allouée, sera puni comme *concussionnaire*.

La concussion est définie et punie par l'art. 174 du Code pénal.

La perception d'un droit *non alloué* par le tarif serait réputé, à plus forte raison, un acte de concussion. Il faudrait excepter le cas d'autorisation donnée par le conseil.

TITRE XII.

DISPOSITIONS GÉNÉRALES.

SECTION PREMIÈRE.

DE L'INSPECTION DES PRUD'HOMMES DANS LES ATELIERS, ET DU LIVRET DONT LES OUVRIERS DOIVENT ÊTRE POURVUS.

Art. 64. L'inspection dans les ateliers, autorisée par l'article 29, titre iv de la loi du 18 mars 1806, n'aura lieu qu'après que le propriétaire de l'atelier aura été prévenu deux jours avant celui où les Prud'hommes devront se rendre dans son domicile ; celui-ci est tenu de leur donner un état exact du nombre des métiers qu'il a en activité et des ouvriers qu'il occupe.

Nous avons présenté des développements suffisants sur la loi de 1806 : nous y renvoyons, p. 49 et suiv.

Le décret veut que le fabricant soit prévenu de la

visite des Prud'hommes, afin qu'il puisse mettre en ordre ses ateliers, et préparer l'état à leur donner. Il ordonne vainement, puisqu'il manque de sanction.

Art. 65. L'inspection des Prud'hommes a pour objet unique d'obtenir des informations sur le nombre de métiers et d'ouvriers ; et en aucun cas ils ne peuvent en profiter pour exiger la communication des livres d'affaires et des procédés nouveaux de fabrication que l'on voudrait tenir secrets.

Il est à remarquer que le décret, comme la loi de 1806, semble limiter l'objet de la visite à la vérification du nombre des métiers et des ouvriers. Du reste, il ne s'agit point de faire une *inquisition* chez les fabricants, par mesure de police ou pour favoriser des concurrences rivales : on veut se procurer des documents utiles dans l'intérêt général des fabriques. (V. *Comp.* p. 330.) C'est pourquoi la loi de 1806 met ces renseignements à la disposition des chambres de commerce. (V. son art. 29.) Nous regrettons, encore une fois, que le décret n'ait pas défini plus explicitement la mission des Prud'hommes inspecteurs.

Ils doivent rédiger un procès-verbal de leur visite. (V. le même art.)

Art. 66. Si, pour effectuer leur inspection, les Prud'hommes ont besoin du concours de la police municipale, cette police est tenue de leur fournir tous les renseignements et toutes les facilités qui sont en son pouvoir.

Et par conséquent, son assistance au besoin. (V. art. 29 de la loi de 1806.)

Les Prud'hommes y auront recours le plus rarément possible. Un tel auxiliaire, toujours rigoureux, serait de nature à inquiéter les fabricants, et, par suite, à déconsidérer la mesure.

La police municipale est exercée par le maire, ses adjoints ou le commissaire de police (1).

Art. 67. Les Conseils de Prud'hommes ne peuvent s'immiscer dans la délivrance des livrets, dont les ouvriers doivent être pourvus aux termes de la loi du 22 germinal de l'an XI. (Art. 11 et 12.) Cette attribution est exclusivement réservée aux maires ou à leurs adjoints.

La loi de germinal a été suivie de deux arrêtés pris par le gouvernement les 9 frimaire et 10 ventôse an XII, lesquels ont prescrit la forme et les conditions du livret. (V. ces trois lois dans l'Appendice, et surtout dans notre contrat de *Louage*, p. 114 et suiv.)

Bien que les Prud'hommes soient étrangers à la délivrance du livret, le décret ne leur défend pas de vérifier, dans les limites de leurs attributions, si les règlemens relatifs au livret sont exécutés par leurs justiciables. Ainsi, avant de s'occuper du différend qui leur est soumis, ils ont le droit et le devoir de demander à l'ouvrier s'il est porteur d'un livret ; car la présence du livret, attestant sa régularité, ne sera pas sans influence sur le succès de sa réclamation ou de sa défense. (V. *Comp.* p. 153.)

____

(1) Les visites des art. 13 de la loi de 1806, et 46 du D. ont un tout autre objet.

SECTION DEUXIÈME.

DU LOCAL OU SERONT PLACÉS LES CONSEILS DE PRUD'HOMMES, ET
DES FRAIS QU'ENTRAÎNERA LA TENUE DE LEURS SÉANCES.

Art. 68. Le local nécessaire aux Conseils de Prud'hommes, pour la tenue de leurs séances, sera fourni par les villes où ils seront établis.

Les Prud'hommes, formant une institution *municipale*, sont presque toujours établis à l'Hôtel-de-Ville.

Art. 69. Les dépenses de premier établissement seront pareillement acquittées par ces villes; il en sera de même des dépenses ayant pour objet le chauffage, l'éclairage et les autres menus frais.

Les villes payent aussi les traitements alloués au secrétaire, à son commis et aux autres employés qui peuvent être utiles, tel qu'un garçon de salle. Ce sont elles qui fixent ces divers traitements.

La dépense à faire pour la marque distinctive des Prud'hommes est encore à la charge de la commune. (V. l'ord. roy. du 12 novembre 1828, ci-dessus p. 14.)

Je pense que la commune doit ajouter, selon son importance, une certaine somme annuelle pour subvenir aux dépenses intérieures du Conseil, par exemple, pour les frais d'impression, de transports, d'achats de livres, du cabinet de la présidence, etc.

La loi du 18 juillet 1837, art. 30, § 19 (*budget*), déclare toutes ces dépenses *obligatoires* pour les communes, et autorise les préfets à imposer celles-ci, même d'*office*, jusqu'à concurrence de la somme annuellement nécessaire. C'est la conséquence de l'art. 34 de la loi de 1806.

Les frais de greffe sont supportés par le secrétaire. (V. ci-dessus, art. 59 et 62 du décret.)

Art. 70. Le président du Conseil de Prud'hommes présentera chaque année, au maire, l'état des dépenses désignées dans l'article ci-dessus; celui-ci les comprendra dans son budget, et lorsqu'elles auront été approuvées, il en ordonnancera le payement d'après les demandes *particulières* qui lui seront faites.

A Paris, cet état doit être remis au préfet.

Les ordonnancements se font au profit de chacune des parties prenantes, des secrétaires, des commis, etc., qui en touchent le montant à la caisse municipale.

Quant aux dépenses générales d'entretien ou d'intérieur, l'ordonnancement doit en être fait au profit des fournisseurs *particuliers*, par le président du Conseil, parce qu'il a droit de les régler. Il doit aussi les payer, si le Conseil reçoit de la ville une somme annuelle à titre d'abonnement.

Art. 71. Notre grand juge, ministre de la justice, et notre ministre de l'intérieur, sont chargés, *chacun en ce qui le concerne*, de l'exécution du présent décret, qui sera inséré au *Bulletin des Lois.*

Chacun des deux ministres a donc sa *part* d'attributions.

Toutefois, c'est plus particulièrement avec le ministre du commerce (qui a remplacé le ministre de l'intérieur en cette partie), que les Prud'hommes sont en relations. C'est à lui qu'ils sont tenus de s'adresser pour tout ce qui touche à l'exécution du règlement d'administration publique qui les institue, notamment : en cas de difficultés à éclaircir ou de modifications à demander, à l'égard de la composition du Conseil, des élections, de l'organisation des audiences du Conseil, etc. (V. ci-dessus, art. 34 et 35 de la loi de 1806, et 2 du décret.) Ils peuvent le faire directement et sans recourir à l'intermédiaire du préfet. Tel est le mode adopté.

L'exercice des fonctions *judiciaires*, proprement dites, regarde, d'une manière spéciale, le ministère de la justice. C'est lui qui dresse la statistique officielle et annuelle des différends réglés par chaque Conseil, sur le vu des états qu'il se fait remettre par le président. Le Conseil devrait encore s'adresser au garde des sceaux, si un tribunal s'immisçait dans la connaissance des affaires dont le jugement appartient aux Prud'hommes, etc. (1).

(1) Lorsqu'un projet de loi relatif aux attributions des Prud'hommes est présenté par l'un des deux ministres, nous ne pensons pas que le Conseil contrevienne aux principes constitutionnels et hiérarchiques, en soumettant directement aux Chambres, ou à leurs commissions, des observations qu'il croit propres à éclairer la matière, et surtout à prévenir des innovations tendant à modifier ces attributions au préjudice des intérêts généraux des justiciables.

DÉCRET DU 3 AOUT 1810,

Concernant la juridiction des Prud'hommes.

—

TITRE Ier.

DE LA JURIDICTION DES PRUD'HOMMES.

Article 1er. Les Conseils de Prud'hommes sont autorisés à juger toutes les contestations qui naîtront entre les marchands fabricants, chefs d'atelier, contre-maîtres, ouvriers, compagnons et apprentis, *quelle que soit la quotité de la somme dont elles seraient l'objet,* aux termes de l'art. 23 de notre décret de 11 juin 1809.

Le décret annonce assez explicitement par son titre, qu'il ne statue que sur la juridiction des Prud'hommes *proprement dite.* Leurs autres attributions demeurent régies par certaines dispositions déjà expliquées de la loi de 1806, et du décret de 1809, et par celles que nous rapporterons plus loin, p. 144 et suiv.

L'art. 1er étend le cercle de la juridiction en portant le dernier ressort à la somme de 100 francs (1). (V. les lois antérieures.)

(1) Nous exprimons, avec les Prud'hommes de Paris, le vœu que le dernier ressort soit élevé jusqu'à 200 fr. On a même dépassé ce taux pour la justice de paix par la loi nouvelle du 25 mai 1841. C'est le moyen de faciliter et d'augmenter encore les conciliations, qui sont l'objet essentiel de leur institution.

Les Prud'hommes n'ont point à considérer la quotité de la somme litigieuse pour s'assurer de leur compétence ; ils n'ont qu'à vérifier si les conditions indiquées plus haut, comme règles de compétence, se trouvent remplies. (V. ci-dessus art. 6 de la loi de 1806.) La quotité de la somme ne sert qu'à fixer le premier ou le dernier ressort. (V. l'art. 2 qui suit.)

Art. 2. Leurs jugements seront définitifs et sans appel, si la condamnation *n'excède pas cent francs*, en capital et accessoires.

Au-dessus de cent francs, ils seront sujets à l'appel devant le tribunal de commerce de l'arrondissement ; et, à défaut de tribunal de commerce, devant le tribunal civil de première instance.

Il importe peu que la mention du premier ou du dernier ressort ait été portée dans le jugement, ou qu'elle l'ait été inexactement ; la disposition de l'article n'en doit pas moins recevoir son application. Ainsi, l'appel sera recevable, encore que, par erreur, le jugement soit dit en dernier ressort ; non recevable, bien qu'il soit déclaré en premier ressort. (Arg. de l'article 453 Code proc. civ.)

Nous avons expliqué, dans notre *Comp.*, p. 225 et suiv., ce que l'on doit entendre par la somme de 100 francs, *en capital et accessoires* : nous y renvoyons.

La somme demandée reconventionnellement par le défendeur (V. ci-dessus page 98) ne doit pas être ajoutée à l'objet de la demande principale, pour servir à la détermination du premier ou du dernier ressort. Chacune de ces demandes a son individualité et son importance relatives.

Si la valeur du différend dont l'appel est porté devant le tribunal de commerce, excède la somme de 1,500 francs, qui fixe le dernier ressort du tribunal de commerce, le jugement rendu par celui-ci, comme tribunal d'appel, n'en sera pas moins souverain. (V. *Comp.*, p. 227.) Même solution, si c'est le tribunal civil qui statue.

Aucune demande nouvelle ne peut être admise en appel, sauf deux exceptions. (V. art. 464 Code proc. civ., et *Comp.*, p. 228.)

Lorsque, par sa nature, la cause n'admettait pas la preuve testimoniale en première iustance, elle ne la comportera pas non plus en appel devant le tribunal de commerce, bien que cette preuve soit attachée aux matières commerciales qui forment l'objet de sa juridiction : le principe du procès, en effet, ne change pas de nature en passant au deuxième degré, excepté s'il s'agit d'une demande formée par un ouvrier commerçant ou contre lui. (V. notre *Contrat de Louage d'ouvrage*, n° 128.)

Art. 3. Les jugements des Conseils des Prud'hommes, jusqu'à concurrence de *trois cents francs*, seront exécutoires par provision, nonobstant appel, aux termes de l'art. 39 du décret du 11 juin 1809, et sans qu'il soit besoin, pour la partie qui aura obtenu gain de cause, de fournir caution.

Au-dessus de trois cents francs, ils seront exécutoires par provision, en fournissant caution.

La première partie de cet article est littéralement conforme au décret de 1809. La deuxième y ajoute une disposition très-importante en cette matière, qui est toujours urgente. Elle veut que, moyennant une caution, *tous* les jugements des Conseils de Prud'hommes soient exécutoires par provision, *à quelque somme* que puisse s'élever le chiffre de la condamnation, C'est ce qui a lieu, pour les jugements des tribunaux de commerce. (art. 439 Code proc. civ.)

Cette exécution provisoire est même *de droit*, c'est-à-dire, sans que le Conseil ait besoin de la prononcer.

Nous pensons que l'art. 3 du décret ne s'oppose point à ce que le Conseil dispense de la caution, s'il y a titre non attaqué ou condamnation précédente dont on n'a pas appelé. (Arg. de l'art. 439, Code proc. civ.)

La caution peut être fournie devant le conseil ; elle doit être reçue si elle est *solvable*, et bien qu'elle ne possède pas d'immeuble, de même qu'en matière commerciale. (Art. 44, Code pr. civ.) (V. *Comp.*, p. 221 et suiv.) L'acte de soumission est rédigé par le secrétaire, et signé par la caution, sans autres formalités et sans frais (1).

---

(1) *Formule* : M...., se présentant comme caution, déclare, après avoir pris connaissance du jugement rendu, etc., se porter

La caution devient obligée solidairement avec la partie qui a obtenu le jugement, pour le cas de restitution à faire par ce dernier.

Voyez ci-dessus art. 38 du décret du 11 juin 1809, pour le délai de l'appel.

L'art. 3, dont nous nous occupons, ne dit pas si l'exécution provisoire peut être ordonnée, avec ou sans caution, nonobstant *l'opposition*, c'est-à-dire pour les jugements par défaut. (V. art. 43 du D. de 1809, où nous avons indiqué cette question.) (1).

Le pourvoi en cassation n'est admis contre les jugements rendus par les Conseils de Prud'hommes, en dernier ressort, que pour excès de pouvoir et incompétence. S'ils ont été rendus en premier ressort et qu'il n'y ait pas eu d'appel, le pourvoi en cassation est non recevable.

—

TITRE II.

ATTRIBUTIONS DES PRUD'HOMMES EN MATIÈRE DE POLICE.

Art. 4. Tout délit tendant à troubler l'ordre et la discipline

pour caution solidaire de Pierre qui a obtenu ce jugement envers Paul, condamné, et ce pour la restitution de tout ou partie des condamnations, en principal, intérêts et frais, en cas d'infirmation totale ou partielle dudit jugement. Le créancier intervient ordinairement dans l'acte de soumission, comme présentant la caution.

(1) Je voudrais que l'exécution provisoire pût être accordée, *sans caution*, jusqu'à concurrence de 50 fr. an moins. V. ci-d. p. 111.

de l'atelier, tout manquement grave des apprentis envers leurs maîtres, pourront être punis, par les Prud'hommes, d'un emprisonnement qui n'excédera pas *trois mois*, sans préjudice de l'exécution de l'article 19, titre v, de la loi du 22 germinal an xi, et de la concurrence des officiers de police et des tribunaux.

L'expédition du prononcé des Prud'hommes, certifiée par leur secrétaire, sera mise à exécution par le premier agent de police ou de la force publique, sur ce requis.

Il s'agit ici de délits ou plutôt de contraventions *étrangères* à la personne des Prud'hommes, et différentes des faits prévus par les art. 33 et 34 du décret du 11 juin 1809.

Cette juridiction nouvelle, qui leur est conférée par le décret de 1810, offre une grande importance par son objet et ses résultats; elle tend à réprimer, et surtout à prévenir le trouble et le désordre dans les ateliers. La peine qu'ils ont le droit d'infliger n'est en quelque sorte que disciplinaire, car elle est inférieure à celle qui appartient à la compétence des tribunaux de simple police, et qui peut aller jusqu'à *cinq* jours d'emprisonnement. (Art. 465 Code pén.)

Il faut bien entendre la dernière partie de notre article... « et *sans préjudice de l'exécution* de l'art. 19, » tit. v, de la loi du 22 germinal an xi, et de la » concurrence, etc. » L'article cité (V. ci-après dans l'*Appendice*) déférait ces sortes d'affaires, dites par la loi *de simple police*, au préfet de police ou aux commissaires généraux de police dans les villes où il y en avait d'établis, et, dans les autres lieux, au maire ou à son adjoint. Nous pensons qu'aujourd'hui ce sont les juges de paix siégeant en simple police qui doivent juger.

Si le délit dépasse les limites d'un fait de simple police, les Prud'hommes ne peuvent pas en connaître, ils doivent le renvoyer devant les tribunaux correctionnels ou criminels, conformément à la loi de germinal et au principe du droit commun sur l'ordre des juridictions. (V. ci-dessus nos observ., art. 34 du décret de 1809.) Avant le renvoi, ils ont le droit de constater le délit, aux termes des art. 10 à 14 de la loi du 18 mars 1806. (Les voir.)

Même dans le cas d'un fait de simple police, si le tribunal ordinaire de simple police en a été saisi avant les Prud'hommes, ceux-ci doivent s'abstenir. (V. *Comp.*, p. 247 et suiv.)

Les Prud'hommes ne peuvent statuer qu'en bureau général sur les faits prévus par le décret.

Comme il n'existe pas, dans le Conseil, un magistrat remplissant les fonctions du ministère public, le délit doit leur être dénoncé par *la partie lésée* qui citera le délinquant devant eux. (V. *Comp.*, p. 253.) La poursuite d'office ne leur est point accordée. (Arg. des art. 10 et 13 de la loi de 1806.)

Ils n'ont le droit de connaître du délit, qu'autant que les deuxième et troisième règles de compétence, posées sur l'art. 6 de la même loi, sont respectées. (V. aussi *Comp.*, p. 249.)

Le décret ne traçant aucunes formes de procédure, nous pensons qu'il s'en réfère au mode adopté par le décret du 11 juin 1809, pour la citation, l'enquête s'il y a lieu, et le jugement. La citation peut être donnée par une simple lettre, et, à défaut de comparution, par exploit de l'huissier du Conseil.

Les Prud'hommes emploieront, s'il est besoin, tous les moyens d'instruction qui leur appartiennent, notamment la visite de l'atelier. (V. art. 15 de la loi de 1806, et l'art. 46 du D. de 1809.)

Nous croyons que le prévenu a le droit de réclamer ici l'assistance d'un défenseur, parce qu'il ne s'agit plus d'un différend civil, susceptible de conciliation. La défense devient plus grave, quand la liberté de la personne est compromise.

Les Prud'hommes peuvent abaisser la peine au-dessous des trois jours d'emprisonnement, mais non l'élever, ni prononcer une amende contre le prévenu (1). (Voir *Comp.*, p. 254) (2).

---

(1) *Formule du jugement* : Il énoncera la réquisition ou plainte ; les circonstances du fait dénoncé ; le résultat sommaire des dépositions, si des témoins ont été entendus ; la défense ou la non-comparution du prévenu ; les motifs et le dispositif du prononcé ; le texte de la loi appliquée.

(2) Il est à regretter que la loi ne leur ait pas laissé la faculté de prononcer une amende. En les plaçant dans l'alternative de condamner le prévenu à l'emprisonnement ou de l'absoudre, elle peut amener quelquefois l'impunité.

Si le plaignant a éprouvé un préjudice, il a droit de prendre des conclusions contre le prévenu, à fin de dommages-intérêts. (V. *Comp.*, p. 259.) Et, tout en renvoyant le prévenu, ils ont le droit de prononcer contre lui, selon les circonstances, tout ou partie des dommages-intérêts demandés par le plaignant. (Voir *Comp.*, p. 260.)

Lorsque les débats sont de nature à entraîner du scandale, le Conseil ordonne le huis-clos. (V. ci-dessus, art. 36 du décret de 1809, p. 104.)

En cas de non-comparution, il juge par défaut, et le condamné est reçu à former opposition dans le délai et aux conditions déterminés par le décret de 1809, art. 42 et 43. (V. nos observations sur ces articles.)

La minute du jugement, contradictoire ou par défaut, sera portée sur la feuille d'audience, et signée, conformément à l'article 40 du décret de 1809.

Le décret ne dit point par qui l'expédition sera remise à l'agent de police pour l'exécution. Le président du Conseil a le droit de la lui adresser sans en être requis par la partie plaignante. Une fois la condamnation prononcée, elle est acquise à la vindicte publique.

Le jugement des Prud'hommes sera toujours sujet à l'appel, suivant le principe du droit commun, auquel le décret ne déroge pas. La disposition contraire de l'art. 19 de la loi du 22 germinal an XI est abrogée. (V. *Comp.*, p. 256 et suivantes.)

Il en est de même, suivant nous, d'une autre disposition de cette même loi qui permettait d'ordonner l'arrestation du délinquant avant le jugement. (Art. 19. V. *Comp.*, p. 258.)

L'appel est porté devant le tribunal correctionnel, dans le ressort duquel le Conseil a son siége. La nature du procès et l'ordre des juridictions le veulent ainsi.

L'appel suspend l'exécution, conformément au principe de l'art. 173 du Code d'inst. crim. Le décret n'y déroge pas, ainsi que l'a fait celui de 1809, art. 35, à l'égard des jugements relatifs aux délits commis envers la personne des Prud'hommes. On rentre ici dans le droit commun.

La peine du délit dont il s'agit, se prescrit par un an ou deux ans, suivant la distinction établie par les art. 639 et 640 du C. d'inst. crim., (V. *Comp.*, p. 261.)

DEUXIÈME PARTIE.

DÉCRET IMPÉRIAL DU 21 SEPTEMBRE 1807,

Contenant règlement pour la fabrication des draps destinés au commerce du Levant.

TITRE PREMIER.

DE L'ESTAMPILLE IMPÉRIALE, ET DES CONDITIONS AUXQUELLES LES DRAPS DESTINÉS POUR LE LEVANT SERONT ASSUJETTIS POUR EN ÊTRE REVÊTUS.

Art. 1er. Les draps destinés pour le Levant pourront être marqués d'une estampille qui en garantira la bonne qualité, les dimensions et la nature de la fabrication.

Cette disposition a été décrétée dans l'intérêt de nos anciennes relations commerciales avec le Levant, qui étaient alors les plus importantes que la France eût au dehors. V. les art. 11 et suiv., qui concernent la mission donnée aux Prud'hommes.

Art. 2. Tous les draps destinés à recevoir l'estampille impériale devront réunir les conditions indiquées pour chaque lieu de fabrication.

(V. le tableau ci-après, art. 3.)

Art. 3. Pour la fabrique des départements de l'Ardèche, de l'Aude, du Gard, de la Haute-Garonne, de l'Hérault, de la Lozère, du Tarn, les draps fabriqués dans les espèces et les qualités ci-après désignées, devront porter au moins le nombre de fils déterminé dans le tableau ci-annexé, sur les dimensions et avec les lisières qui y sont fixées.

GENRES.	QUALITÉS.	NOMBRE DE FILS.	LARGEUR sur le métier entre les lisières.		LARGEUR après les apprêts entre les lisières.		COULEUR DES LISIÈRES.
			mèt.	c.	mèt.	c.	
Mahoux	Chaly.....	3600	2	48	1	59	Blanche ; conserver à la toile un fil blanc entre le drap.
Idem.........	Premiers..	3400	2	48	1	59	Cerise foncée , brune , noire et blanche.
Idem.........	Seconds..	3000	2	58	1	59	Noire et blanche.
Londrin premier	1re qualité	3200	2	58	1	49	Verte, rose et blanche.
Idem.........	2e idem..	2800	2	58	1	49	Verte et blanche.
Londrin second.	1re idem..	2600	2	50	1	59	Bleu foncé et blanche.
Idem.........	2e idem ..	2400	2	50	1	59	Bleue et blanche.
Idem.........	3e idem...	2000	2	50	1	59	Bleu clair et blanche.
Londres large..	....	2600	2	53	1	49	Blanche.
Londres........	....	2000	2	58	1	59	Noire.
Nims	....	2200	2	58	1	56	Brune et blanche.
Seizains.......	....	1600	2	23	1	19	Blanche et noire.
Abouchouchon..	....	1600	2	58	1	26	Idem.

Le susdit tableau pourra être modifié d'après les connaissances que procurera le commerce du Levant. Il sera dressé pareil tableau pour chaque fabrique travaillant pour le Levant.

Art. 4. Lesdits draps devront être de bon teint.

Ils devront être bien conditionnés, et exempts de tous défauts, comme taches, trous, barres, etc.

S'il se trouvait cependant qu'une pièce de drap ne renfermât que deux ou trois défauts au plus, elle pourrait être admise à l'estampille en indiquant le défaut par un fil blanc à la lisière.

Art. 5. Les draps seront uniformes en force et en bonté dans toute l'étendue de la pièce ; et ne pourront les tisserands employer des laines d'autre qualité dans une partie de la pièce que dans le reste.

Art. 6. La pièce de drap devra porter le nom du fabricant, le lieu de la fabrique et la désignation de la qualité de fabrication.

Art. 7. Des matrices de toutes les espèces et qualités de tissus destinés au commerce du Levant, portant un mètre de long sur toute la largeur de l'étoffe, seront adressées par le Ministre de l'intérieur aux bureaux de vérification et de contrôle indiqués dans le titre suivant, pour servir aux fabricants de modèles, auxquels ils seront tenus de se conformer dans la confection des susdits tissus, et de terme de comparaison aux vérificateurs.

Les vérificateurs ne jugeront que d'après la matrice, dans les lieux de fabrique pour lesquels les règlements portant fixation du nombre de fils n'auront pas encore été arrêtés.

Art. 8. Le nombre des pièces contenues dans un ballot, la largeur et la longueur de chacune d'elles, seront énoncés dans la facture annexée audit ballot.

La carte d'échantillon contenue dans la facture et annexée sous le même numéro et la même marque au ballot expédié, devra être rigoureusement conforme aux espèces et qualités qui composeront ce ballot, et faire mention des fils qui peuvent se trouver dans la lisière de quelques pièces.

TITRE II.

DES FORMES SUIVANT LESQUELLES L'ESTAMPILLE SERA APPOSÉE.

Art. 10. Il sera établi dans chaque ville où se fabriquent des draps destinés pour le Levant, un vérificateur dépositaire du poinçon de l'estampille impériale, et chargé d'examiner si les draps destinés à la recevoir réunissent les conditions prescrites par les articles précédents.

Art. 11. Ledit vérificateur sera assisté de quatre jurés, pris parmi les fabricants les plus anciens et les mieux réputés, lesquels seront, à cet effet, désignés par le préfet sur la présentation de la chambre de commerce.

Les Prud'hommes seront chargés de ces fonctions dans les villes où cette institution aura été autorisée.

La mission conférée aux Prud'hommes se borne à celle donnée aux *jurés* institués par le décret (V. l'art. 20 ci-après); et nous pensons qu'elle ne leur appartient, qu'autant que les fabriques dont il s'agit sont classées sous leur juridiction.

Cette mission consiste à vérifier si les draps à estampiller réunissent les conditions prescrites par le décret, quant à la bonne qualité, aux dimensions, et à la nature de la fabrication. On voit, du reste, qu'elle ressemble fort peu aux autres attributions qui leur sont confiées par les lois et décrets dont nous nous sommes occupé dans notre première partie.

Art. 12. Les draps seront présentés au vérificateur et aux jurés, après le foulage et les autres apprêts.

On procédera à cette vérification par l'examen détaillé de toutes les conditions désignées dans le titre 1er, par l'épreuve des couleurs et par la comparaison des tissus avec les matrices.

Les draps ne pourront être retenus plus de trois jours pour cette visite.

Cette disposition et celle de l'article suivant seront exécutées à l'égard des Prud'hommes, ou par eux, s'ils procèdent à la vérification.

Art. 13. Si la pièce de drap a été reconnue réunir les conditions exigées, il lui sera apposé un plomb portant l'estampille impériale.

Si la carte d'échantillon a été reconnue fidèle, elle recevra un sceau avec la signature du vérificateur.

Voir l'observation sur l'article précédent.

Le sceau dont il est parlé est un sceau spécial. (V. l'article suivant.) Celui des Prud'hommes ne suffirait pas.

Art. 14. La marque, les plombs et sceaux porteront ces mots : *Estampille impériale* (royale).

Ils indiqueront aussi l'espèce et la qualité du tissu.

Les susdites désignations seront exprimées en français et en arabe.

Art. 15. Le vérificateur sera nommé par le ministre de l'intérieur : il ne pourra, dans aucun cas, être pris parmi les fabricants en activité.

Il jouira d'un traitement de 1,800 à 3,000 francs.

Art. 16. Il sera établi, dans les villes et ports de Marseille, Gênes, Anvers, Turin et Mayence, des bureaux de contrôle pour la vérification des draps destinés pour le Levant et revêtus de l'estampille impériale. Le bureau de contrôle sera placé auprès du bureau de la douane.

Art. 17. Le contrôleur examinera :

1° Si l'estampille n'aurait point été contrefaite ;

2° La composition du ballot, et vérifiera s'il renferme bien le nombre des pièces annoncées, et dans les dimensions indiquées par la facture.

Dans le cas de doute sur le premier point, le contrôleur en écrira aux vérificateurs respectifs, pour faire procéder, s'il y a lieu, à un nouvel examen et rapport.

Le ballot vérifié sera revêtu d'un plomb adhérent à la toile d'emballage.

Art. 18. Le contrôle terminé, et s'il a donné le résultat prescrit par l'article précédent, le contrôleur en délivrera un certificat, qui sera transmis avec le ballot au bureau des douanes près duquel sera placé le bureau du contrôleur.

Défenses très-expresses sont faites aux employés des douanes de laisser expédier pour le Levant aucun des susdits ballots estampillés, s'ils ne sont accompagnés du certificat désigné ci-dessus.

Art. 19. Les contrôleurs seront nommés comme les vérificateurs, et jouiront du même traitement.

Art. 20. Les vérificateurs et les contrôleurs tiendront un registre, lequel contiendra la date du jour où le drap aura été apporté à la visite, et le résultat de la vérification et du contrôle.

Les Prud'hommes ou les jurés signeront à chaque séance le registre du vérificateur.

Le registre du vérificateur indiquera le bureau d'expédition par lequel les draps devront être exportés à la sortie.

Les vérificateurs adresseront, chaque semaine, aux contrôleurs respectifs, un état certifié, portant le relevé de leur registre pour les draps qui doivent être envoyés à leurs contrôles.

Les vérificateurs et contrôleurs adresseront, chaque mois, au ministre de l'intérieur, le relevé de leurs opérations.

La présence du secrétaire des Prud'hommes n'est pas nécessaire, puisque le registre est tenu par les agents de l'administration.

Art. 21. Les types et modèles de l'estampille impériale, les plombs, les sceaux et les matrices, seront adressés à tous les ambassadeurs et consuls de Sa Majesté, en Turquie, en Égypte et dans les échelles du Levant.

Art. 22. Les contrôleurs et vérificateurs seront tenus de verser à la caisse d'amortissement un cautionnement égal au double de leur traitement annuel.

Art. 23. Les types et modèles de l'estampille impériale, les plombs, les sceaux, les matrices, seront adressés aux bureaux des douanes des villes et ports indiqués à l'art. 16.

Art. 24. Le fabricant ou négociant qui serait convaincu d'avoir contrefait, falsifié l'estampille impériale, de l'avoir dérobée ou transportée sur une pièce différente de celle vérifiée, sera puni conformément à l'article 5 de la loi du 22 germinal an XI.

Ces dispositions sur la loi de germinal ont été abrogées par le Code pénal. La voir dans l'*Appendice*.

Art. 25. Dans le cas où l'estampille impériale aurait été falsifiée à l'étranger, les ministres et consuls de Sa Majesté feront poursuivre les auteurs de la contrefaçon, comme coupables de crimes de faux, devant les autorités locales, et d'après la législation établie dans le pays où le délit aurait été commis : le tout sans préjudice de la juridiction consulaire exercée sur les Français, d'après les lois et les conventions établies.

DÉCRET IMPÉRIAL DU 5 SEPTEMBRE 1810,

Contenant des dispositions tendant à prévenir ou à réprimer la contrefaçon des marques que les fabricants de quincaillerie et de coutellerie sont autorisés à mettre sur leurs ouvrages.

Article 1ᵉʳ. Il est défendu de contrefaire le marques que, par un arrêté du 23 nivose de l'an ix, les fabricants de quincaillerie et de coutellerie, sont autorisés à mettre sur leurs ouvrages. Tout contrevenant à cette disposition sera puni, pour la première fois, d'une amende de trois cents francs, dont le montant sera versé dans la caisse des hospices de la commune : en cas de récidive, cette amende sera double, et il sera condamné à un emprisonnement de six mois.

Il est nécessaire de connaître cet arrêté de l'an ix, ainsi conçu : « La fabrique de quincaillerie et de coutellerie de la république est autorisée à frapper ses ouvrages d'une marque *particulière* assez distincte des autres marques pour ne pouvoir être confondue avec elles. La propriété de cette marque ne sera assurée qu'à ceux qui l'auront fait empreindre sur des *tables communes*, déposées à cet effet dans une des salles du chef-lieu de la sous-préfecture. Il leur sera délivré un titre qui constatera le dépôt. » (Article unique.)

La marque autorisée par l'arrêté ci-dessus n'est

pas seulement une marque uniforme et propre aux deux industries ; il s'agit d'une marque particulière à chacun des fabricants individuellement.

Elle est, toutefois, facultative pour eux (1).

En exigeant qu'elle soit distincte des *autres marques,* l'arrêté entend parler des marques de fabriques que tous les fabricants en général, quel que soit leur genre d'industrie, ont le droit d'appliquer sur leurs produits, aux termes des lois déjà existantes. (V. ci-dessus art. 4 du décret du 11 juin 1809.)

Les règles que nous avons indiquées sur *la propriété* des marques générales de fabrique (V. art. 4 du dé-cret du 11 juin 1809), s'appliquent aux marques par-ticulières de quincaillerie et de coutellerie.

Voir art. 3 ci-après ce qu'on entend par *tables communes.*

L'amende et l'emprisonnement qui sont appliqués aux contrevenants excèdent la compétence des Prud'-hommes, et rentrent dans celle des tribunaux cor-rectionnels.

Les Prud'hommes ont cependant le droit de consta-ter ces contraventions, en exécution de l'art. 10 de la loi du 18 mars 1806 (le voir). — (V. aussi les art. 2 et 8 du présent décret.)

---

(1) Le projet de loi présenté par M. le ministre du commerce à la Chambre des pairs, sur les *marques* de fabrique, propose la sup-pression des marques obligatoires. Il n'abrogerait donc pas les mar-ques de la quincaillerie et de la coutellerie.

Art. 2. Les objets contrefaits seront saisis et confisqués au profit du propriétaire de la marque; le tout sans préjudice des dommages-intérêts qu'il y aura lieu de lui adjuger.

Par ces mots *objets contrefaits*, que les Prud'hommes sont autorisés à saisir, nous croyons qu'il convient d'entendre non-seulement les marques contrefaites, mais les produits sur lesquels les contrevenants les auront apposées.

Les Prud'hommes ont aussi le droit de prononcer la confiscation et les dommages-intérêts, lorsqu'ils auront été saisis par la voie civile. (V. art. 8 et 10 ci-après.

V. l'art. 8 sur le mode de saisie.

Art. 3. Nul ne sera admis à intenter action en contrefaçon de sa marque, s'il n'a fait empreindre cette marque sur les tables communes, établies à cet effet, et déposées au tribunal de commerce, selon l'article 18 de la loi du 22 germinal an XI.

Ces tables communes sont empreintes d'une couche générale de cire, sur laquelle l'impression des divers marques se fait, successivement, au fur et à mesure que les parties intéressées se présentent pour le demander. (V. l'art. 6 ci-après.) Chaque empreinte y doit être désignée par un numéro, qui se réfère au procès-verbal de dépôt, dressé aux termes de l'art. 5 ci-après. Les tables pourraient être en cuivre, comme à Rouen.

Art. 4. Dans les villes où il y a des Conseils de Prud'hommes, les tables seront déposées *en outre* au secrétariat de ces Conseils, selon l'article 7 du décret du 7 février 1840.

On voit qu'il se fait, dans ces villes, un double dépôt : il semble que celui exécuté au bureau des Prud'hommes aurait suffi. Nous croyons, du moins, qu'il n'est plus nécessaire à la sous-préfecture, les art. 3 et 4 abrogeant en ce point l'arrêté de l'an ix, rapporté ci-dessus art. 1er.

Si le double dépôt n'a pas eu lieu au moment de la contrefaçon, nous ne pensons pas que le propriétaire de la marque soit déchu du droit de poursuivre la contrefaçon. Le décret ne prononce point une pareille peine contre lui. Ce n'est pas le dépôt qui constitue la propriété de la marque; il ne fait que la conserver. Mais le dépôt devra être opéré, avant ou même pendant la poursuite.

Art. 5. Il sera dressé procès-verbal des dépôts sur un registre en papier timbré, ouvert à cet effet, et qui sera coté et paraphé. Une expédition de ce procès-verbal sera remise au propriétaire de la marque pour lui servir de titre contre les contrefacteurs.

La cote et le paraphe du registre peuvent être donnés par le président du Conseil des Prud'hommes seul, ou par le vice-président; à leur défaut, par un autre membre. (V. ci-dessus, art. 8 du décret du 11 juin 1809.)

C'est le secrétaire qui rédige le procès-verbal. Le décret ne disant rien à cet égard, il suffit que le procès-verbal soit signé par lui et le déposant, si celui-ci sait écrire. (V. ci-dessus même article. (1)

Cet acte fait foi jusqu'à inscription de faux. (V. ci-dessus, art. 8 du décret de 1809.)

Il est enregistré sur l'expédition seulement, et *gratis*. (V. ci-dessus, art. 16 de la loi de 1806.)

Lorsque l'article 5 dit que l'expédition sert de *titre* pour poursuivre les contrefacteurs, il suppose, bien entendu, que la propriété du poursuivant est établie d'après les règles dont nous avons donné l'indication plus haut. (V. ci-dessus art. 5, décret du 11 juin 1809.) Le dépôt n'est que le moyen légal pour exercer l'action.

Art. 6. Tout particulier qui voudra s'assurer la propriété de sa marque est tenu, conformément à l'art. 9, section 1re du titre 2 de notre décret du 11 juin 1809, de verser une somme de six francs entre les mains du receveur de la commune : cette somme, ainsi que toutes les autres qui seraient comptées pour le même objet, seront mises à la disposition des Prud'hommes ou du mairé, et destinées à faire l'acquisition des tables et à les entretenir. Le préfet en surveillera la comptabilité.

Régulièrement, pour assurer la perception du droit, le dépôt ne doit pas être admis par le secrétaire avant que le déposant ne lui ait représenté la quittance de versement.

(1) Le procès-verbal est dressé dans les mêmes termes que celui des autres marques. (V. ci-dessus, p. 99, à la note.)

C'est le préfet qui délègue le soin d'acheter et d'entretenir les tables; il en chargera les Prud'hommes qui sont plus à portée de le remplir avec exactitude.

Art. 7. Il sera payé trois francs pour l'expédition du procès-verbal du dépôt. Tout greffier du tribunal de commerce, tout secrétaire du Conseil de Prud'hommes, qui aurait exigé une somme plus considérable, sera poursuivi comme concussionnaire.

La concussion constitue le crime prévu et puni par l'art. 174 du Code pénal.

Le droit alloué comprend la rédaction et la minute de l'acte : le remboursement du papier timbré de l'expédition est dû en sus. (V. art. 59 décret de 1809.)

Art. 8 La saisie des ouvrages dont la marque aurait été contrefaite, aura lieu sur la simple réquisition du propriétaire de cette marque : les officiers de police sont tenus de l'effectuer sur la présentation du procès-verbal du dépôt; ils renverront ensuite les parties devant le Conseil de Prud'hommes s'il y en a dans la commune : s'il n'y en a point, le juge de paix du canton prendra connaissance de l'affaire.

Il résulte de cet article qu'on n'a pas besoin, pour pratiquer la saisie, de l'autorisation du Conseil de Prud'hommes.

Nous pensons que la saisie peut être faite par eux. (Arg. de l'art. 10 de la loi du 18 mars 1806.)

Art. 9. Le Conseil de Prud'hommes (ou le juge de paix), entendra d'abord les parties et leurs témoins; il prononcera ensuite son jugement, qui sera mis à exécution sans appel, ou à la charge de l'appel, avec ou sans caution, conformément aux dispositions du décret du 3 août présent mois.

Cette disposition fait exception tout à la fois au principe général qui n'admet pas la compétence des Prud'hommes pour les contestations *entre fabricants* (V. ci-dessus art. 6 de la loi du 18 mars 1806, règle 4ᵉ), et à l'article 12 du décret de 1809 qui appelle seulement les Prud'hommes à donner *leur avis* sur les contestations concernant les marques générales de fabrique. Ils rendent ici un véritable jugement (1).

Selon nous, cette contestation, comme toutes les autres, doit leur être soumise, en état de conciliation, d'abord, suivant les règles indiquées plus haut sur la loi de 1806 et le décret de 1809 : c'est là le préliminaire essentiel de leur juridiction.

Nous ne verrions pas de difficulté à ce que, lors de l'audience de jugement, ils permissent aux deux parties de se faire assister par un défenseur. La contestation est grave par sa nature et sort de la règle commune.

Le jugement est susceptible d'appel, dans les délais ordinaires, par cela seul que le décret n'exclut pas ce recours. (V. ci-dessus art. 38 du décret de 1809.) Il serait en dernier ressort, si le demandeur avait restreint la valeur de sa demande à 100 fr. en principal et en

---

(1) C'est une anomalie avec les dispositions de la loi de 1806, et les décrets de 1809 et de 1812 sur les modèles et dessins, les marques et les lisières de draps. Elle prouve d'autant plus la nécessité de réviser toutes ces lois.

intérêts, conformément à l'art. 2 du décret du 3 août 1810.

L'appel est porté devant le Tribunal de commerce. (Art. 2 précité.)

Art. 10. Dans le cas où la dénonciation pour contrefaçon ne serait pas fondée, celui qui l'aura faite sera condamné à des dommages-intérêts proportionnés au trouble et au préjudice qu'il aurait causés.

Néanmoins, les Prud'hommes peuvent prendre en considération la bonne foi du défendeur, pour évaluer les dommages-intérêts.

Art. 11. Tout jugement emportant condamnation, rendu en matière de contrefaçon d'une marque, sera imprimé et affiché aux frais du contrefacteur. Les parties ne pourront, en aucun cas, transiger sur l'affiche et la publication.

Notre article prouve l'extrême importance que la loi attache à la répression de ces contrefaçons. On doit regretter qu'il ne s'applique point aux marques générales de fabrique, car la raison est la même.

Les Prud'hommes déterminent le nombre des affiches et les lieux où elles sont apposées ; ils ne pourraient pas ordonner l'insertion dans les journaux, le décret ne la permettant pas.

DÉCRET IMPÉRIAL DU 1ᵉʳ AVRIL 1811,

Tendant à prévenir ou à réprimer la fraude dans la fabrication des savons.

Art. 1ᵉʳ. Tout fabricant de savon, dans l'étendue des terres de notre domination, sera *tenu* d'apposer, sur chaque brique de savon sortant de sa fabrique, une marque déposée au tribunal de commerce et au secrétariat du Conseil de Prud'hommes.

Ici, la marque n'est plus facultative comme celles établies pour tous les autres produits fabriqués ; elle est *obligatoire* pour chaque fabricant de savon. Cette disposition a été déterminée par un motif *de salubrité* (1).

Les termes du décret sont tellement précis, qu'il n'est pas possible de douter que le double dépôt soit exigé. Pour la forme du dépôt, nous pensons qu'il convient de suivre l'art. 8 du décret du 11 juin 1809.

Art. 2. Cette marque sera différente pour le savon fabriqué à l'huile d'olive, pour celui fabriqué à l'huile de graines, et pour celui fabriqué au suif et à la graisse.

Voir ci-après les décrets des 18 septembre 1811 et

_____

(1) Cependant le projet ministériel, dont nous avons parlé page 99, en propose l'abrogation, puisqu'il n'admet plus de marques obligatoires.

22 décembre 1812, qui déterminent la forme de ces marques.

Indépendamment de cette marque spéciale et obligatoire, les fabricants de savon peuvent adopter une marque facultative et emblématique, comme les fabricants de toute autre espèce de produits. (V. l'art. 6 ci-après, et l'art. 7 de ce dernier décret.)

Art. 3. Tout savon non marqué, ou tout savon marqué comme savon à l'huile, quoiqu'il soit à la graisse, ou marqué d'une fausse marque, sera saisi dans les magasins des fabriques ou chez les marchands, *à la diligence des Prud'hommes*, de tout officier de police judiciaire et municipale, ou à la réquisition de toute partie intéressée, et la confiscation en sera prononcée par les autorités compétentes, moitié au profit des hospices, moitié au profit des officiers de police ou des parties contractantes, sans préjudice d'une amende, qui ne pourra excéder 3,000 francs, et qui sera double en cas de récidive, ou d'autres peines portées par les lois et règlements.

Notre article a pour objet de faire constater la contrefaçon et saisir les savons contrefaits. Les Prud'hommes sont chargés de la double mission, et ils peuvent y procéder, soit à la réquisition de la partie lésée, soit même d'*office*. Ce droit d'initiative qui forme une exception au principe général de la loi de 1806 et du décret de 1809, est motivé par un intérêt public et de salubrité. (V. ci-dessus, art. 1er.)

La concurrence étant donnée aux officiers de la police judiciaire et municipale, les Prud'hommes procéderont rarement, à raison de la multiplicité de leurs autres attributions.

Sur le mode de procéder, il faut appliquer, dans le silence du décret, ce que nous avons dit art. 10 et suivants de la loi de 1806. Il suffit de la présence de deux membres du Conseil de Prud'hommes pour consommer régulièrement l'opération (1).

Art. 4. Tout fabricant convaincu, par la décomposition, d'avoir fraudé dans la fabrication du savon, par l'introduction d'une quantité surabondante d'eau ou de substances propres à en altérer la qualité, sera poursuivi, et son savon confisqué, comme il est dit à l'article précédent, sans préjudice des dommages-intérêts, s'il y a lieu.

Cette autre contravention pourra être constatée par les Prud'hommes, en exécution de la loi du 18 mars 1806 (*v.* l'art. précédent); mais ils n'ont pas compétence pour statuer sur la poursuite. (V. l'art. qui suit.)

Art. 5. Les Prud'hommes des villes où il y a des fabriques de savon auront, sur les magasins où le savon fabriqué se dépose, ou dans les lieux de débit, *le droit d'inspection,* pour l'exécution des articles précédents, indépendamment de *la juridiction* qui leur est attribuée par les lois et règlements.

Le droit d'inspection qui leur est accordé, et dont le décret ne règle pas l'exercice, est toujours la conséquence de l'intérêt de salubrité qui s'attache à ce

______

(1) Ici, les fonctions des Prud'hommes sont en quelque sorte purement administratives : autre diversité dans le système général de leur institution.

genre de fabrication. Nous estimons encore que deux membres du Conseil suffisent pour l'inspection des savons, de même que pour celle des autres ateliers de fabriques, autorisée par l'art. 64 du décret du 11 juin 1809. L'inspection ordonnée pour les savons a lieu d'*office*. (Arg. de l'art. 3 ci-dessus.)

Si l'on s'en tenait aux dernières expressions de l'article 5, on serait tenté de croire que les Prud'hommes ont juridiction pour statuer sur les contestations que l'exécution du décret peut amener, soit à raison des poursuites exercées contre le fabricant contrevenant, soit entre lui et les tiers lésés par la contravention. Toutefois, nous pensons que cette compétence ne leur est pas départie, et le motif déterminant, suivant nous, c'est qu'elle n'est établie ni par les lois ni par les règlements. La supposition contraire du décret est une erreur *de fait*, et, à elle seule, elle ne suffit point pour créer au profit des Prud'hommes un tel pouvoir. Ils ne sont pas même appelés à concilier les parties ou à donner un avis motivé. (V., au surplus, *Comp.*, p. 297 et 298.)

La poursuite publique et le jugement des contestations privées rentrent dans la compétence des tribunaux ordinaires. (V. ci-après l'art. 3 du décret du 18 septembre 1811.)

Art. 6. Le présent décret n'est applicable qu'aux savons destinés aux blanchisseries, teintures et dégraissages, et non à la fabrication des savons de luxe et de toilette.

C'est particulièrement pour ces dernières espèces de savons que le fabricant peut avoir intérêt à adopter une marque facultative. (V. ci-dessus, art. 2.)

DÉCRET IMPÉRIAL DU 18 SEPTEMBRE 1811.

Art. 1ᵉʳ. La marque pour le savon fabriqué à l'huile d'olive sera de forme concave ovale, et portera dans le milieu, en lettres rentrées, ces mots : *Huile d'olive.*

Celle pour le savon fabriqué à l'huile de graines sera de forme concave carrée, et portera dans le milieu, aussi en lettres rentrées, ces mots : *Huile de graines.*

La marque pour le savon au suif ou à la graisse sera de forme concave triangulaire, et devra porter également dans le milieu, aussi en lettres rentrées, ces mots : *Suif ou graisse.*

A la suite de chaque marque, qui devra être en caractères assez gros pour être aperçus sans difficulté, sera le nom du fabricant et de la ville où il fait sa résidence.

Le décret ne défend pas au fabricant d'appliquer à sa marque des signes particuliers qui puissent lui donner d'autant plus d'individualité, si, d'ailleurs, elle remplit les conditions ci-dessus.

Art. 3. A compter du 1ᵉʳ avril prochain, il ne pourra plus être vendu, par les fabricants, de savons destinés aux blanchisseries', teintures et dégraissages, s'ils ne sont revêtus de la marque ci-dessus, sous peine de cent francs d'amende, et du double en cas de récidive.

Cet article ajoute une sanction à l'art. 6 du décret du 1er avril précédent.

Art. 3. Les contraventions à l'article ci-dessus seront portées devant nos Cours et Tribunaux, comme matières de police.

L'article refuse donc, en termes exprès, toute compétence aux Prud'hommes. (V. nos observations sur l'art. 5 du décret du 1er avril 1811.)

DÉCRET IMPÉRIAL DU 22 DÉCEMBRE 1812,

Qui établit une marque particulière pour les savons à l'huile d'olive fabriqués à *Marseille*.

Article 1er. La forme des marques prescrites par notre décret du 18 septembre 1811 continue à être employée dans toutes les fabriques de savon de notre empire : ces fabriques les mettront, en conséquence, sur tous les savons qui sortiront de leurs ateliers.

Art. 2. A compter de ce jour, la ville de Marseille aura une marque particulière pour ses savons à l'huile d'olive. Cette marque présentera un pentagone dans le milieu duquel seront, en lettres rentrées, ces mots : *huile d'olive*, et à la suite le nom du fabricant et celui de la ville de Marseille.

Appliquez à cette marque notre Observation sur la forme de la marque des autres espèces de savons. (V. ci-dessus art. 1 du décret du 18 septembre 1811.)

Si la marque portait seulement le nom de la ville de

Marseille, sans le nom du fabricant, elle ne serait pas régulière et obligatoire selon le vœu de la loi. (V. ci-après art. 4.)

Art. 3. Tout particulier établi dans une ville autre que celle de Marseille, qui versera dans le commerce des savons revêtus de la marque accordée par l'article précédent, sera puni, pour la première fois, d'une amende de 1,000 fr. ; en cas de récidive, cette amende sera double ; les savons seront en outre confisqués. Le montant de cette confiscation et de l'amende sera versé dans la masse des hospices du lieu où les savons auront été vendus ; et dans les cas où il n'y aurait point d'établissement de ce genre, dans celle des hospices de la commune voisine.

L'article n'accorde pas à la villé de Marseile le monopole de la fabrique des savons ; il ne lui donne qu'une marque spéciale.

En cas de contravention , des dommages-intérêts peuvent être dus à la partie lésée (art. 1382 Code civ.).

Art. 4. La saisie des savons revêtus de la marque appartenant à la ville de Marseille, aura lieu sur la réquisition des autorités constituées de cette ville ou de ceux de ses fabricants qui seraient munis d'une patente. Les contestations auxquelles elle donnera lieu seront portées devant nos *cours et tribunaux* comme matière de police.

Cette disposition s'applique simplement au cas où la marque ne porte que le nom de la ville de Marseille.

Il en résulte aussi que les Prud'hommes ne sont pas compétents pour connaître de la contravention ; mais ils ont droit de la constater aux termes de l'art. 10 de la loi du 18 mars 1806. (V. ci-dessus art. 3 du décret du 1er avril 1811.)

Art. 5. Dans le cas où la plainte en usurpation de la marque ne serait point fondée, celui qui l'aura faite sera condamné à des dommages-intérêts proportionnés au trouble et au préjudice qu'il aura causés.

Conforme à l'art. 10 du décret du 5 septembre 1810, sur les marques de quincaillerie et de coutellerie. (Le voir.)

Art. 6. S'il était fabriqué à Marseille du savon avec de l'huile de graines, du suif ou de la graisse; alors la marque sera la même que celle qui est prescrite pour les savons de cette nature par notre décret du 18 septembre 1811, notre intention étant qu'on applique exclusivement aux briques de savon à l'huile d'olive fabriquées à Marseille celle dont la forme présente un pentagone.

Voir ci-dessus nos observations sur les articles de ce décret.

Art. 7. Il n'est point dérogé aux dispositions énoncées au titre 4 de la loi du 22 germinal an XI, lesquelles dispositions seront affichées de nouveau dans les villes de fabrique, à la diligence de notre ministre des manufactures et du commerce.

Les art. 16, 17 et 18 de la loi de germinal, auxquels le présent renvoie, traitent des marques particulières que tout manufacturier a le droit d'appliquer sur ses produits, de la contrefaçon de ces marques, et de leur dépôt. (V. la loi ci-après, dans l'*Appendice*.)

DÉCRET IMPÉRIAL DU 22 DÉCEMBRE 1812,

Portant que toutes les manufactures de draps de l'Empire pourront obtenir l'autorisation de mettre à leurs produits une lisière particulière à chacune d'elles.

TITRE PREMIER.

DISPOSITIONS GÉNÉRALES.

Article 1ᵉʳ. Toutes les manufactures de draps de notre empire sont admises à participer à la faveur qui a été accordée à celles de Louviers : elles pourront, en conséquence, obtenir l'autorisation de mettre à leurs produits une lisière qui sera *particulière* à chacune d'elles.

La lisière des draps de Louviers a été établie par le décret du 5 juillet 1810, ainsi conçu :

Article 1ᵉʳ. Les dispositions de l'arrêt du Conseil d'État, du 5 décembre 1782, portant règlement pour la fabrication des étoffes de laine dans la généralité de Rouen, sont remises en vigueur, en ce qui concerne la ville de Louviers. Les fabricants de cette ville jouiront, en conséquence, de l'autorisation *exclusive* d'avoir à leurs draps une *lisière* jaune et bleue.

Art. 2. Il est défendu aux fabricants de draps des autres villes de notre empire d'employer la lisière dont il est question dans l'article précédent. Tout contrevenant à cette disposition sera puni, pour la première fois, d'une amende de 3,000 fr. ; en cas de récidive, cette amende sera double.

Voir l'art. 8 ci-après, dernier §.

C'est l'art. 8, ci-après, qui règle la mission spéciale des Prud'hommes.

Art. 2. Les fabriques qui désireront d'obtenir une lisière exclusive, sont tenues d'en adopter une tellement distincte qu'on ne puisse la confondre avec celles que d'autres villes auraient déjà obtenues, dont par conséquent elles auraient la possession exclusive. Ces lisières seront accordées d'après le vœu qu'émettront les chambres de commerce ou les chambres consultatives de manufactures, qui joindront à leurs délibérations un modèle de celle qui leur aura paru devoir être choisie de préférence.

La demande sera d'abord communiquée au préfet, qui examinera si elle est de nature à être accueillie. Il la transmettra ensuite avec son avis à notre ministre des manufactures et du commerce, pour, sur son rapport, être statué par nous en Conseil d'État.

Art. 3. La lisière ayant pour objet d'indiquer quelle est la manufacture qui a confectionné les produits, il est ordonné aux fabricants de la ville à laquelle il en aura été accordé une de la mettre aux draps qu'ils seront dans le cas d'établir. Ceux qui ne se conformeront pas à cette disposition seront punis conformément à l'art. 479 du Code pénal; l'amende sera double en cas de récidive. Le montant des amendes sera versé dans la caisse des hospices de la commune.

Art. 4. Lorsqu'une ville aura obtenu une lisière exclusive, les fabricants des autres villes auront un délai de six mois pour achever celles des pièces de draps qu'ils auront commencées avec cette lisière; à l'expiration de ce délai, il leur est défendu de l'employer. Tout contrevenant à cette défense sera poursuivi conformément à ce qui est dit pour les marques particulières art. 16 de la loi du 22 germinal an xi.

Art. 5. Les poursuites, pour raison de contrefaçon d'une lisière, ne pourront être dirigées contre les débitants, à moins que, pris en contravention, ils ne se refusent à donner les renseignements nécessaires pour faire découvrir l'auteur du délit : elles n'auront lieu que contre les manufacturiers, pour les draps seulement qu'ils fabriquent, après le délai de six mois déterminé par l'article précédent.

Art. 6. Les décrets qui auront accordé à une fabrique une lisière exclusive, seront insérés dans le *Bulletin des Lois.* Cette insertion n'ayant point eu lieu pour notre décret du 25 juillet 1810, nous ordonnons qu'elle soit faite.

TITRE II.

DE LA SAISIE DES DRAPS QUI PORTERAIENT LA LISIÈRE RÉSERVÉE A UNE FABRIQUE, ET DU MODE DE PROCÉDER CONTRE CEUX QUI AURAIENT USURPÉ CETTE LISIÈRE.

Art. 8. La saisie des draps dont la lisière aura été contrefaite, aura lieu sur la réquisition d'un ou de plusieurs fabricants de la ville à laquelle cette lisière appartient. Les officiers de police sont, en conséquence, tenus de l'effectuer sur la présentation de la patente de ces fabricants. Ils renverront ensuite les parties devant le Conseil de Prud'hommes, s'il y en a un dans la commune, comme *arbitre,* aux termes de l'art. 12 du décret du 20 février 1810 ; et, pour la prononciation des peines, devant nos cours et tribunaux.

Si les parties n'ont pas été conciliées sur leurs intérêts civils, les mêmes cours et tribunaux prononceront.

Les Prud'hommes ne sont appelés, comme on voit, à connaître des contraventions faites au présent article, qu'à titre d'arbitres rapporteurs. Ils entendent les parties et essaient de les concilier. A défaut de conciliation, ils donnent leur avis *motivé* sur le différend. Il convient d'appliquer ici les observations faites sur les art. 6 et 12 du décret du 11 juin 1809.

Nous croyons qu'ils doivent juger en bureau général, à cause de l'importance de la question, et parce que l'article saisit le Conseil tout entier.

Les Prud'hommes ont en outre le droit de constater les contraventions et de pratiquer la saisie, aux termes de la disposition générale de l'art. 10 de la loi du 18 mars 1806.

Lorsque les fabriques de draps ne sont pas comprises sous la juridiction du Conseil établi dans la localité, il devra s'abstenir.

Il nous semble juste d'appliquer la double mission des Prud'hommes à la fabrique de Louviers.

Art. 9. Dans le cas où la plainte en contrefaçon d'une lisière ne serait pas fondée, celui qui l'aura présentée sera condamné à des dommages-intérêts proportionnés au trouble et au préjudice qu'il aura causés.

Art. 10. Tout jugement emportant condamnation sera imprimé et affiché aux frais du contrefacteur de la lisière. Les parties ne pourront, en aucun cas, transiger sur l'affiche et la publication.

ORDONNANCE ROYALE DU 8 AOUT 1816,

Portant que les fabricants d'étoffes et de tissus de la nature de ceux qui sont prohibés, ne doivent mettre dans le commerce ces étoffes et tissus que revêtus d'une marque de fabrication.

Art. 1ᵉʳ. Les fabricants d'étoffes pleines ou mélangées, en laine ou en coton, et de tous tissus de la nature de ceux qui sont prohibés venant de l'étranger, ne pourront mettre dans le commerce ces étoffes et tissus que revêtus d'une marque de fabrication et d'un numéro d'ordre repris de leur registre d'entrée et de sortie.

Cette ordonnance a été rendue pour assurer l'exécution de l'art. 59, tit. vi de la loi sur les *Douanes,* du 28 avril 1816, en prévenant l'introduction et le débit des étoffes et tissus en laine ou en coton qui sont prohibés comme venant de l'étranger.

Nous bornerons nos observations aux seuls articles qui concernent plus particulièrement les attributions conférées aux Prud'hommes, et qui ont peu de rapport avec celles résultant des autres lois ou règlements sur la matière (1).

Art. 2. Les marques indiqueront le nom de la ville ou de l'arrondissement où la fabrication a eu lieu, et le nom du fabricant, ou tel chiffre ou signe qu'il déclarera choisir. Elles

____

(1) Nouveau motif pour réviser la législation.

seront tissues, brodées ou imprimées, selon la nature de l'étoffe et à la volonté du fabricant, mais de manière à pouvoir se conserver le plus longtemps qu'il sera possible.

Voir, sur le lieu du dépôt, l'art. 4 ci-après.

Art. 3. Les Prud'hommes, et à leur défaut les maires, assistés de fabricants notables, vérifieront la nature de chaque marque et le procédé d'application ; si ce dernier est défectueux, et si la marque est susceptible d'être confondue avec des signes déjà employés par d'autres manufacturiers, ils exigeront un procédé plus solide et une désignation différente. En cas de contestation à ce sujet, il en sera référé au préfet, qui décidera, après avoir pris l'avis de la chambre consultative des manufactures, ou de la chambre de commerce qui en fait les fonctions.

Il résulte de cette disposition que là où il existe un Conseil de Prud'hommes établi et comprenant sous sa juridiction les fabriques dont il s'agit, leur ministère est obligé préférablement à celui des maires.

Les termes de l'article ne disent pas clairement si l'assistance de fabricants notables est exigée pour les Prud'hommes comme pour les maires. Nous pensons que les Prud'hommes, ayant par état les connaissances nécessaires, n'ont pas besoin de cette assistance.

Les notables seront choisis par le maire dans la fabrique dont les produits sont à vérifier. L'ordonnance ne fixant pas leur nombre, il le déterminera selon l'importance de l'opération.

Nous croyons que c'est le bureau général des Prud'hommes qui doit statuer, sauf à lui, si les objets à vérifier ne peuvent pas lui être apportés, à commettre préalablement un ou deux de ses membres qui se transporteront sur les lieux, et lui feront un rapport de leur vérification, avant le délibéré. (Arg. de la loi de 1806, art. 13.)

La partie intéressée doit être entendue par le bureau.

Il est rédigé procès-verbal de la décision du bureau. L'ordonnance ne traçant aucune forme de rédaction et la matière étant purement administrative, notre avis est que cette décision peut être portée sur papier non timbré, et signée par le président et le secrétaire seulement. L'expédition, qu'il est prudent de délivrer sur papier timbré, sera signée par le secrétaire.

Si la partie conteste la décision, notre article lui ouvre un recours devant le préfet du département.

Cette décision peut léser un tiers, si, par exemple, il était propriétaire de la marque qu'elle a attribuée au requérant. Dans ce cas, le tiers n'est pas lié par cette décision ; il n'a pas même besoin de l'attaquer par la voie de la tierce-opposition., puisqu'il ne devait pas y être partie. Il est libre de se pourvoir devant les tribunaux compétents, pour exercer son action en contrefaçon.

S'il veut se borner à faire réformer la décision, il pourra s'adresser au Conseil de Prud'hommes ou au préfet, selon qu'elle émanera d'eux ou de lui, en appelant le fabricant qui l'a obtenue, — et, la question devenant alors contentieuse, le préfet devra statuer en conseil de préfecture. C'est en ce sens qu'il convient d'entendre l'opinion que nous avons exprimée dans la *Comp.*, p. 328.

Art. 4. Chaque fabricant est tenu de déposer à la sous-préfecture de son arrondissement deux empreintes ou modèles de sa marque : l'un de ces modèles y sera conservé; l'autre sera transmis au ministre de l'intérieur, pour rester dans les archives du jury institué par l'art. 63 de la loi du 28 avril présente année (1846).

L'ordonnance, pour être en harmonie avec les attributions de même nature qui sont confiées aux Prud'hommes, aurait dû faire opérer le dépôt à leur secrétariat, ainsi que l'a ordonné l'art. 4 du décret du 5 septembre 1810, relatif aux marques de quincaillerie et de coutellerie, en supprimant le dépôt à la sous-préfecture.

Les empreintes seront faites sur des tables, conformément à ce qui a lieu pour ces dernières marques. (V. cet art. 4 et l'art. 3.)

Le dépôt ne suffit point pour attribuer la propriété de la marque au déposant. L'ordonnance s'en réfère, sous ce rapport, aux principes de droit qui régissent les marques générales et particulières. (V. les art. 8 du décret de 1809 et 5 du décret du 5 septembre 1810.)

Art. 5. La marque de fabrication sera apposée, ainsi que le numéro d'ordre, aux deux extrémités de la pièce. Les teinturiers, imprimeurs ou autres apprêteurs, seront tenus de la conserver en la couvrant, au besoin, pendant les apprêts.

Art. 6. Aucun coupon ne peut être mis dans le commerce sans sa marque et son numéro.

Lorsqu'un fabricant usera pour ses pièces de marques tissues, il y suppléera, pour les coupons tirés de ces pièces, au moyen d'une marque brodée ou imprimée, ou d'un plomb, ou d'un bulletin portant les mêmes indications. Les modèles de ces marques de supplément seront déposés avec ceux de la marque principale.

Voir ci-dessus art. 4.

Art. 7. La bonneterie de coton ou de laine est aussi assujettie à la marque de fabrication. Cette marque consistera, autant qu'il sera possible, en lettres, chiffres ou signes travaillés dans le tricot même, et à l'aide desquels on puisse reconnaître le nom du fabricant et sa résidence, en recourant aux modèles qui seront déposés comme il est dit en l'art. 4. Les dispositions de l'art. 3 sont aussi applicables à la bonneterie.

Art. 8. Les contrevenants aux obligations prescrites par les dispositions précédentes, seront responsables des dommages qu'éprouveraient des tiers sur qui les objets auraient été saisis, sans préjudice des peines portées par les art. 142, 143 et 423 du Code pénal (1).

(1) Art. 142. Ceux qui auront contrefait les marques destinées à être apposées, au nom du gouvernement, sur les diverses espèces de denrées ou de marchandises, ou qui auront fait usage de ces marques fausses : — ceux qui auront contrefait les sceau, timbre ou marque d'une autorité quelconque, ou d'un établissement particulier de banque ou de commerce, ou qui auront fait usage des sceaux, timbres ou marques contrefaits, seront punis de la réclusion.

Art. 143. Sera puni de la dégradation civique quiconque, s'étant indûment procuré les vrais sceaux, timbres ou marques ayant l'une des destinations exprimées en l'article 142, en aura fait une application ou usage préjudiciable aux droits ou intérêts de l'État, d'une autorité quelconque, ou même d'un établissement particulier.

Art. 423. Quiconque aura trompé l'acheteur sur le titre des matières d'or ou d'argent, sur la qualité d'une pierre fausse ven-

Il est évident que les Prud'hommes ne sont pas compétents pour statuer sur les dommages-intérêts, et encore moins sur les peines encourues.

Mais ils ont caractère et mission pour constater toutes les contraventions commises aux dispositions de l'ordonnance dont nous nous occupons : c'est la conséquence de l'art. 10 de la loi générale du 18 mars 1806.

Art. 9. Les marques et numéros étant, aux termes de la loi, le premier indice de l'origine nationale des tissus, les marchands en détail sont avertis qu'ils doivent conserver ces signes à chaque coupon restant dans leurs magasins.

Comme les fabricants de quincaillerie et de coutellerie, les fabricants de draps peuvent adopter, outre la marque particulière dont parle l'ordonnance de 1816, une marque générale de fabrique à eux appartenant, en conformité de l'art. 5 du décret du 11 juin 1809. (V. cet article.)

Art. 10. Tout acheteur est autorisé à exiger de son vendeur une facture signée qui indique la marque et le numéro des pièces, laquelle facture doit correspondre aux livres du marchand qui fait la vente, et aux factures par lui reçues du vendeur précédent : le tout pour y recourir au besoin.

due pour fine, sur la nature de toutes marchandises ; quiconque, par usage de faux poids ou de fausses mesures, aura trompé sur la quantité des choses vendues, sera puni de l'emprisonnement pendant trois mois au moins, un an au plus, et d'une amende qui ne pourra excéder le quart des restitutions et dommages-intérêts, ni être au-dessous de 50 francs. — Les objets du délit, ou leur valeur, s'ils appartiennent encore au vendeur, seront confisqués : les faux poids et les fausses mesures seront aussi confisqués, et de plus seront brisés.

ORDONNANCE ROYALE DU 17 AOUT 1825,

Qui, sur la réclamation de manufacturiers dont les fabriques sont situées hors du ressort d'un Conseil de Prud'hommes, fixe le lieu du dépôt légal des dessins de leur invention.

Art. 1ᵉʳ. Le dépôt des échantillons de dessins qui doit être fait, conformément à l'article 15 de la loi du 18 mars 1806, aux archives des Conseils de Prud'hommes, pour les fabriques situées dans le ressort de ces Conseils, sera reçu, pour toutes les fabriques *situées hors du ressort* d'un Conseil de Prud'hommes, au greffe du tribunal de commerce, ou au greffe du tribunal de première instance, dans les arrondissements où les tribunaux civils exerceront la juridiction des tribunaux de commerce.

Art. 2. Ce dépôt se fera, dans les formes prescrites pour le même dépôt aux archives des Conseils de Prud'hommes, par les articles 15, 16, 18, section 3, titre 1ᵉʳ de la loi du 18 mars 1806.

Il sera reçu gratuitement, sauf le droit du greffier pour la délivrance du certificat constatant ledit dépôt.

APPENDICE.

I.

LOI DU 22 GERMINAL AN XI,

Relative aux manufactures, fabriques et ateliers (1).

TITRE Ier.

DISPOSITIONS GÉNÉRALES.

Art. 1er. Il pourra être établi dans les lieux où le gouvernement le jugera convenable, des chambres consultatives de manufactures, fabriques, arts et métiers.

Art. 2. Leur organisation sera faite par un règlement d'administration publique.

Art. 3. Leurs fonctions seront de faire connaître les besoins et les moyens d'amélioration des manufactures, fabriques, arts et métiers.

Art. 4. Il pourra être fait, sur l'avis des chambres consultatives dont il est parlé en l'article 1er, des règlements d'ad-

(1) Voir l'exposé des motifs de la loi, *Comp.*, p. 376 et suiv. Les dispositions de cette loi qui subsistent encore, ont été reprises et expliquées, suivant l'ordre des matières, dans le *Contrat d'Apprentissage*, le *Louage d'Ouvrage et d'Industrie*, la *Justice Industrielle*, que l'on pourra consulter. C'est pourquoi il serait inutile de commenter ici les articles.

ministration publique, relatifs aux produits des manufactures françaises qui s'exporteront à l'étranger. Ces règlements seront présentés en forme de projet de loi au corps législatif, dans les trois ans, à compter du jour de leur promulgation.

Art. 5. La peine de la contravention à ces règlements sera d'une amende qui ne pourra excéder 3,000 francs, et de confiscation des marchandises. Les deux peines pourront être prononcées cumulativement ou séparément, selon les circonstances.

TITRE II.

DE LA POLICE DES MANUFACTURES, FABRIQUES ET ATELIERS.

Art. 6. Toute coalition entre ceux qui font travailler des ouvriers, tendant à forcer injustement et abusivement l'abaissement des salaires, et suivie d'une tentative ou d'un commencement d'exécution, sera punie d'une amende de 100 francs au moins, de 3,000 francs au plus ; et, s'il y a lieu, d'un emprisonnement qui ne pourra excéder un mois.

Art. 7. Toute coalition de la part des ouvriers pour cesser en même temps de travailler, interdire le travail dans certains ateliers, empêcher de s'y rendre et d'y rester avant ou après de certaines heures, et en général pour suspendre, empêcher, enchérir les travaux, sera punie, s'il y a eu tentative ou commencement d'exécution, d'un emprisonnement qui ne pourra excéder trois mois.

Art. 8. Si les actes prévus dans l'article précédent ont été accompagnés de violence, voies de fait, attroupements, les auteurs et complices seront punis des peines portées au Code de police correctionnelle ou au Code pénal, suivant la nature des délits (1).

____

(1) Les pénalités, prononcées par ces articles de la loi, ont été abro-

TITRE III.

DES OBLIGATIONS ENTRE LES OUVRIERS ET CEUX QUI LES EMPLOIENT.

Art. 9. Les contrats d'apprentissage consentis entre majeurs, ou par des mineurs avec le concours de ceux sous l'autorité desquels ils sont placés, ne pourront être résolus, sauf l'indemnité en faveur de l'une ou de l'autre des parties, que dans les cas suivants : 1° d'inexécution des engagements de part ou d'autre ; 2° de mauvais traitements de la part du maître ; 3° d'inconduite de la part de l'apprenti ; 4° si l'apprenti s'est obligé à donner, pour tenir lieu de rétribution pécuniaire, un temps de travail dont la valeur serait jugée excéder le prix ordinaire des apprentissages.

Art. 10. Le maître ne pourra, sous peine de dommages et intérêts, retenir l'apprenti au-delà de son temps, ni lui refuser un congé d'acquit quand il aura rempli ses engagements.

Les dommages-intérêts seront au moins du triple du prix des journées depuis la fin de l'apprentissage.

Art. 11. Nul individu employant des ouvriers ne pourra recevoir un apprenti sans congé d'acquit, sous peine de dommages-intérêts envers son maître.

Art. 12. Nul ne pourra, sous les mêmes peines, recevoir un ouvrier s'il n'est porteur d'un livret portant le certificat d'acquit de ses engagements, délivré par celui de chez qui il sort.

Art. 13. La forme de ces livrets et les règles à suivre

gées par le Code pénal, qui en a créé d'autres par les art. 413 et suiv.

pour leur délivrance, leur tenue et leur renouvellement, seront déterminés par le gouvernement, de la manière prescrite pour les règlements d'administration publique.

Art. 14. Les conventions faites de bonne foi entre les ouvriers et ceux qui les emploient, seront exécutées.

Art. 15. L'engagement d'un ouvrier ne pourra excéder un an, à moins qu'il ne soit contre-maître, conducteur des autres ouvriers, ou qu'il n'ait un traitement et des conditions stipulées par un acte exprès.

TITRE IV.

DES MARQUES PARTICULIÈRES.

Art. 16. La contrefaçon des marques particulières que tout manufacturier ou artisan a le droit d'appliquer sur les objets de sa fabrication, donnera lieu, 1° à des dommages-intérêts envers celui dont la marque aura été contrefaite; 2° à l'application des peines prononcées contre le faux en écritures privées.

Art. 17. La marque sera considérée comme contrefaite quand on y aura inséré ces mots, *façon de....* et à la suite le nom d'un autre fabricant ou d'une autre ville.

Art. 18. Nul ne pourra former action en contrefaçon de sa marque, s'il ne l'a préalablement fait connaître d'une manière légale, par le dépôt d'un modèle au greffe du tribunal de commerce d'où relève le chef-lieu de la manufacture ou de l'atelier.

TITRE V.

DE LA JURIDICTION.

Art. 19. Toutes les affaires de simple police entre les ouvriers et apprentis, les manufacturiers, fabricants et artisans, seront portées, à Paris devant le préfet de police, devant les commissaires-généraux de police dans les villes où il y en a d'établis, et dans les autres lieux devant le maire ou un des adjoints.

Ils prononceront sans appel les peines applicables aux divers cas, selon le Code de police municipale.

Si l'affaire est du ressort des tribunaux de police correctionnelle ou criminelle, ils pourront ordonner l'arrestation provisoire des prévenus, et les faire traduire devant le magistrat de sûreté.

Art. 20. Les autres contestations seront portées devant les tribunaux auxquels la connaissance en est attribuée par les lois.

Art. 21. En quelque lieu que réside l'ouvrier, la juridiction sera déterminée par le lieu de la situation des manufactures ou ateliers dans lesquels l'ouvrier aura pris du travail.

II.

ARRÊTÉ DU 9 FRIMAIRE AN XII,

Relatif au livret dont les ouvriers travaillant en qualité de compagnons ou garçous devront être pourvus (1).

TITRE Ier.

DISPOSITIONS GÉNÉRALES.

Article 1er. A compter de la publication du présent arrêté, tout ouvrier travaillant en qualité de compagnon ou garçon devra se pourvoir d'un livret.

Art. 2. Ce livret sera en papier libre, coté et paraphé sans frais, savoir : à Paris, Lyon et Marseille, par un commis-

______

(1) Voir nos observations sur les divers articles, dans notre *Compétence*, p. 148 et suiv., et dans notre *Contrat de Louage d'ouvrage*, p. 114 et suiv.

saire de police; et dans les autres villes par le maire ou l'un de ses adjoints. Le premier feuillet portera le sceau de la municipalité, et contiendra le nom et le prénom de l'ouvrier, son âge, le lieu de sa naissance, son signalement, la désignation de sa profession et le nom du maître chez lequel il travaille.

Art. 3. Indépendamment de l'exécution de la loi sur les passeports, l'ouvrier sera tenu de faire viser son dernier congé par le maire ou son adjoint, et de faire indiquer le lieu où il se propose de se rendre.

Tout ouvrier qui voyagerait sans être muni d'un livret ainsi visé, sera réputé vagabond, et pourra être arrêté et puni comme tel.

TITRE II.

DE L'INSCRIPTION DES CONGÉS SUR LE LIVRET, ET DES OBLIGATIONS IMPOSÉES A CET ÉGARD AUX OUVRIERS ET A CEUX QUI LES EMPLOIENT.

Art. 4. Tout manufacturier, entrepreneur, et généralement toutes personnes employant des ouvriers, seront tenus, quand ces ouvriers sortiront de chez eux, d'inscrire sur leurs livrets un congé portant acquit de leurs engagements, s'ils les ont remplis.

Les congés sont inscrits sans lacune à la suite les uns des autres : ils énonceront le jour de la sortie de l'ouvrier.

Art. 5. L'ouvrier sera tenu de faire inscrire le jour de son entrée sur son livret, par le maître chez lequel il se propose de travailler, ou, à son défaut, par les fonctionnaires publics désignés en l'article 11, et sans frais, et de déposer le livret entre les mains de son maître s'il l'exige.

Art. 6. Si la personne qui a occupé l'ouvrier, refuse, sans motif légitime, de remettre le livret ou de délivrer le congé, il sera procédé contre elle de la manière et suivant le mode établis par le titre v de la loi du 22 germinal. En cas de condamnation, les dommages-intérêts adjugés à l'ouvrier seront payés sur-le-champ.

Art. 7. L'ouvrier qui aura reçu des avances sur son salaire, ou contracté l'engagement de travailler un certain temps, ne pourra exiger la remise de son livret et la délivrance de son congé, qu'après avoir acquitté sa dette par son travail, et rempli ses engagements, si son maître l'exige.

Art. 8. S'il arrive que l'ouvrier soit obligé de se retirer parce qu'on lui refuse du travail ou son salaire, son livret et son congé lui seront remis, encore qu'il n'ait pas remboursé les avances qui lui ont été faites : seulement, le créancier aura le droit de mentionner la dette sur le livret.

Art. 9. Dans le cas de l'article précédent, ceux qui emploieront ultérieurement l'ouvrier, feront, jusqu'à entière libération, sur le produit de son travail, une retenue au profit du créancier.

Cette retenue ne pourra, en aucun cas, excéder les deux dixièmes du salaire journalier de l'ouvrier. Lorsque la dette sera acquittée, il en sera fait mention sur le livret.

Celui qui aura exercé la retenue, sera tenu d'en prévenir le maître au profit duquel elle aura été faite, et d'en tenir le montant à sa disposition.

Art. 10. Lorsque celui pour lequel l'ouvrier a travaillé ne saura ou ne pourra écrire, ou lorsqu'il sera décédé, le congé sera délivré, après vérification, par le commissaire de police, le maire du lieu ou l'un de ses adjoints, et sans frais.

TITRE III.

DES FORMALITÉS A REMPLIR POUR SE PROCURER LE LIVRET.

Art. 11. Le premier livret d'un ouvrier lui sera expédié, 1° sur la présentation de son acquit d'apprentissage, 2° ou sur la demande de la personne chez laquelle il aura travaillé, 3° ou enfin, sur la l'affirmation de deux citoyens patentés de sa profession et domiciliés, portant que le pétitionnaire est libre de tout engagement, soit pour raison d'apprentissage, soit pour raison d'obligation de travailler comme ouvrier.

Art. 12. Lorsqu'un ouvrier voudra faire coter et parapher un nouveau livret, il représentera l'ancien. Le nouveau livret ne sera délivré qu'après qu'il aura été vérifié que l'ancien est rempli ou hors d'état de servir. Les mentions des dettes seront transportées de l'ancien livret sur le nouveau.

Art. 13. Si le livret de l'ouvrier était perdu, il pourra, sur la présentation de son passeport en règle, obtenir la permission provisoire de travailler; mais sans pouvoir être autorisé à aller dans un autre lieu, et à la charge de donner à l'officier de police du lieu la preuve qu'il est libre de tout engagement, et tous les renseignements nécessaires pour autoriser la délivrance d'un nouveau livret, sans lequel il ne pourra partir.

⸺◄●►⸺

III.

ARRÊTÉ DU 10 VENTOSE AN XII,

Additionnel à celui du 9 frimaire an xii, relatif au livret des ouvriers travaillant en qualité de compagnons ou garçons.

Art. 1er. L'article 2 de l'arrêté du 9 frimaire dernier est applicable aux villes dans lesquelles il a été ou sera établi des commissaires généraux de police : en conséquence, le livret dont les ouvriers, compagnons ou garçons doivent être pourvus, y sera coté et paraphé, sans frais, par ce commissaire de police, ainsi qu'à Paris, Lyon et Marseille (1).

(1) Les enfants travaillant dans les manufactures, sont aussi te-

16.

IV.

INSTRUCTION DU 5 JUILLET 1809, Nº 437,

Énonçant les divers actes de la juridiction des Prud'hommes sujets au timbre et à l'enregistrement.

Il résulte des articles 6, 7, 8 et 9 de la loi du 18 mars 1806, que les Prud'hommes sont institués pour terminer, comme conciliateurs, ou pour juger comme magistrats, les différends entre des fabricants, des ouvriers, des chefs d'atelier et des compagnons, ainsi que les juges de paix sont appelés à le faire pour contestations ordinaires entre d'autres citoyens.

On voit aussi que la compétence du bureau de conciliation des Prud'hommes est illimitée quant aux sommes, comme l'est celle du bureau de conciliation de la justice de paix, et que la juridiction du bureau général formé aux termes de l'article 8, place les Prud'hommes à l'égard du tribunal de commerce, dans la position où se trouve la justice de paix relativement au tribunal de première instance.

Les lois des 13 brumaire et 22 frimaire an VII sur le timbre et l'enregistrement, n'ayant pu désigner ni comprendre dans leurs dispositions les actes d'une magistrature qui à ces époques n'était point établie, il convient d'appliquer, aux procès-verbaux et jugements des Prud'hommes, les règles concernant les actes des tribunaux auxquels cette nouvelle institution est de nature à pouvoir être plus particulièrement assimilée.

nus d'avoir un livret. (V. la loi du 22 mars 1844, dans notre *Contrat de Louage d'ouvrage et d'industrie*, p. 134 et suiv.

En s'arrêtant à cette base, on doit considérer comme assujettis au timbre et à l'enregistrement sur la minute, les procès-verbaux du bureau créé par l'article 7 de la loi du 18 mars, portant conciliation ou non-conciliation, ainsi qu'y sont formellement soumis, par la loi du 22 frimaire, les actes de l'espèce des bureaux ordinaires de conciliation :

Il suit également de ce principe, que la signification qui serait faite pour appeler en conciliation celle des parties qui n'aurait pas volontairement comparu devant les Prud'hommes, doit, soit qu'un officier public ou un agent spécial ait instrumenté, être écrite sur papier timbré et enregistrée dans les quatre jours de sa date, comme il est prescrit pour les citations dressées par les huissiers des juges de paix.

D'après les mêmes motifs, les jugements prononcés par le bureau général ou Conseil de Prud'hommes, doivent, conformément aux distinctions indiquées par la loi du 22 frimaire, être enregistrés sur la minute et sur l'expédition.

Le secrétaire du Conseil doit, par une suite nécessaire, jouir de la faveur que l'article 37 de la loi sur l'enregistrement accorde aux greffiers, relativement aux droits qui n'ont pas été avancés par les parties, et être admis à fournir les extraits que cet article prescrit de délivrer.

Enfin, le secrétaire doit être assujetti, comme le greffier du juge de paix y est soumis pour les actes qui émanent du tribunal auprès duquel il est placé, à porter sur une feuille ou registre d'audience, en papier timbré, tous les jugements rendus par les Prud'hommes, et à tenir, ainsi que l'officier qui remplit auprès du Conseil les fonctions d'huissier, un répertoire pour y inscrire, jour par jour, les actes qui, d'après la loi du 22 frimaire, doivent être consignés.

Le Conseil de Prud'hommes, suivant les articles 10 et 12, est spécialement chargé de constater les contraventions aux lois et règlements, ainsi que les soustractions de matières, ou les infidélités au préjudice des fabricants.

La loi du 11 brumaire an VII, article 12, en désignant comme soumis au timbre, les actes et procès-verbaux des gardes et de tous autres agents ayant droit de verbaliser, ainsi que les actes particuliers des juges de paix, et ceux de la police ordinaire, ne laisse aucun doute sur l'assujettissement des procès-verbaux des Prud'hommes, dans les cas dont il s'agit, à la formalité du timbre.

Les Conseils de Prud'hommes recevant de la loi qui les institue, un caractère de magistrature qu'ils doivent conserver dans les diverses fonctions qui leur sont déléguées, les procès-verbaux dressés par leurs membres ne peuvent être rangés que dans la classe des actes judiciaires qui, en exécution de l'article 7 de la loi du 22 frimaire, sont passibles de l'enregistrement sur la minute dans les vingt jours de leur date.

L'article 16 de la loi du 18 mars veut que les dépôts de dessins soient inscrits sur un registre tenu à cet effet par le Conseil, qui délivrera un certificat du dépôt.

On a pensé que ce registre peut former un titre en faveur des fabricants, et qu'il doit, en conséquence, être soumis au timbre.

La loi voulant que les Prud'hommes délivrent aux parties un certificat qui constate le dépôt, cet acte est, pour le fabricant, un titre suffisant, et le seul dont il ait besoin pour justifier qu'il a déposé; il en résulte que le certificat doit être écrit sur papier timbré, mais que le registre, se rapportant uniquement à l'intérêt général du commerce, fait partie de ceux que l'article 16 de la loi du 13 brumaire excepte de la formalité.

Au surplus, les certificats délivrés par le greffier ou secrétaire du Conseil, et qui doivent rappeler le numéro d'ordre du paquet déposé et la date du dépôt, sont assujettis à l'enregistrement, comme actes du greffe, et faisant titre aux parties.

Les livres d'acquits dont les articles 20 et 21 de la loi prescrivent la tenue, étant établis pour présenter la situation respective des négociants et des chefs d'atelier, ainsi que pour assurer le recouvrement des sommes dues, et pouvant d'ailleurs être produits en justice, ils sont évidemment soumis au timbre.

A l'égard du registre sur lequel les livres d'acquits sont inscrits, et de celui que l'art. 29 de la loi du 18 mars oblige les Prud'hommes à tenir pour constater le nombre de métiers existants et d'ouvriers employés dans la fabrique, les renseignements que ces registres sont destinés à recueillir ayant pour objet de faciliter la surveillance à exercer sur les chefs d'ateliers et sur les ouvriers, on doit considérer la tenue de ces registres comme une mesure d'ordre public qui ne peut donner lieu au timbre.

Quant aux droits d'enregistrement à percevoir sur les actes des Prud'hommes, on semblerait fondé à prendre pour règle les droits auxquels les actes de la justice de paix peuvent, dans les mêmes cas, donner ouverture; mais la modicité des sommes qui sont la matière la plus fréquente des contestations soumises aux Prud'hommes, le peu d'aisance de la plupart des ouvriers, enfin la protection que l'on doit à cette classe, ont paru de nature à réclamer quelques exceptions.

On va les faire connaître, en rapportant la décision par laquelle le ministre des finances, après avoir reçu les observations du ministre de l'intérieur, a statué le 20 juin 1809, sur les diverses questions que l'exécution de la loi du 18 mars 1806 a fait naître, relativement aux droits du timbre et de l'enregistrement.

La solution porte : 1° que les actes et procès-verbaux du

bureau de conciliation, établi par l'article 7, seront assujettis à l'enregistrement sur la minute, ainsi qu'y sont soumis, par la loi du 22 frimaire, les actes de l'espèce des bureaux de conciliation de la justice de paix ;

2° Que les jugements prononcés par le bureau général ou Conseil de Prud'hommes doivent être enregistrés sur la minute ou sur l'expédition, suivant les distinctions que la loi de frimaire indique ;

3° Que les citations pour appeler, devant les Prud'hommes, celles des parties qui n'auraient pas comparu, ainsi que toutes significations des actes ou jugements de ces magistrats, doivent être enregistrées dans les quatre jours de leur date, et inscrites sur le répertoire, quel que soit l'officier qui ait instrumenté ;

4° Que ces procès-verbaux jugements et actes seront enregistrés gratis, toutes les fois qu'ils constateront que l'objet de la contestation n'excède pas en total la somme de 25 francs ;

5° Que les actes et jugements concernant des contestations ayant pour objet une somme au-dessus de 25 francs, seront passibles des droits réglés pour les actes de la justice de paix ;

6° Qu'à défaut de désignation de la somme faisant la matière du différend, les citations, significations ou actes, ainsi que les procès verbaux du bureau de conciliation, ou les jugements du Conseil, seront soumis au droit fixe d'un franc ;

7° Que le secrétaire du Conseil doit remplir les obligations imposées aux greffiers des juges de paix ; que, conséquemment, il est tenu de rédiger sur une feuille ou sur un registre d'audience, en papier timbré, tous les jugements rendus, et de porter, jour par jour, sur un répertoire, les actes qui, d'après l'article 49 de la loi de frimaire, doivent y être inscrits ;

8° Que les procès-verbaux de contravention dressés par les Prud'hommes, en exécution des articles 10 et 12 de la loi du 18 mars, seront enregistrés gratis dans les vingt jours de leur date;

9° Que les certificats de dépôt, délivrés conformément à l'article 16, recevront gratis la formalité;

10° Enfin, que les livres d'acquits, prescrits par l'art. 20, seront sur papier timbré ; mais que les registres tenus par le Conseil de Prud'hommes, en vertu des articles 16, 21 et 29, font partie de ceux que la loi de brumaire excepte du droit de timbre.

Il résulte de cette décision, que la loi sur le timbre doit, dans tous les cas, être maintenue; que si l'enregistrement gratis est autorisé lorsqu'il s'agit d'affaires qui n'excèdent pas 25 francs, la formalité n'en est pas moins de rigueur, quelque modique que soit la somme, et que tous actes devant être enregistrés, les préposés auront la faculté de reconnaître ceux qui sont assujettis aux droits, et ceux qui en sont dispensés. —

Les employés supérieurs sont spécialement chargés de faire les vérifications nécessaires pour s'assurer que les règles concernant les actes relatifs à la juridiction des Prud'hommes ci-dessus rappelés, sont observées avec exactitude et uniformité.

La présente instruction, à l'exécution de laquelle les administrateurs sont invités à tenir la main, sera transmise par les directeurs à tous les employés qu'elle se trouve concerner.

Ils veilleront à ce qu'ils s'y conforment, et en accuseront la réception au directeur général dans les trois jours de son arrivée.

Signé Duchatel,
directeur général de l'enregistrement.

V.

LOI DU 21 MARS 1821,

Sur l'organisation municipale. *(Extrait.)*

———

Art. 11. Sont appelés à cette assemblée (celle qui élit les conseillers municipaux) : 1º les citoyens les plus imposés... 2º Les membres des Cours et tribunaux, les juges de paix et leurs suppléants ; les membres des chambres de commerce, des conseils de manufactures et des Conseils de Prud'hommes... (1).

———

VI.

ORDONNANCE ROYALE DU 16 JUIN 1832,

Portant règlement sur les Chambres de commerce et les Chambres consultatives des arts et manufactures. *(Extrait.)*

———

Article 1er. A l'avenir, le renouvellement des membres

(1) La loi du 20 avril 1831 qui a réglé, *spécialement*, l'organisation municipale pour Paris n'a pas appelé les Prud'hommes à l'assemblée électorale, parce qu'ils n'y étaient pas encore institués et que l'on ne songeait pas alors à leur établissement. Cependant l'administration a refusé de les admettre comme électeurs, en se fondant sur le silence de la loi exceptionnelle, et c'est évidemment une lacune qu'il convient de faire cesser. Ils viennent de participer à l'élection de la chambre du commerce, en vertu de l'ordonnance royale ci-après, bien qu'elle ne les comprît pas non plus.

des chambres de commerce et des chambres consultatives des arts et manufactures sera fait dans une assemblée composée :

1° Des membres du tribunal de commerc;

2° De ceux de la chambre de commerce ou de la chambre consultative, y compris les membres sortants ;

3° Des membres du Conseil de Prud'hommes, là où il se trouve un tel conseil ;

4° De notables, en nombre égal au nombre des membres dont sont composés le tribunal et la chambre de commerce ou la chambre consultative ; et néanmoins au nombre de vingt au moins.

Les notables seront choisis par moitié par le tribunal de commerce et par la chambre de commerce ou consultative.

S'il n'y a pas de tribunal de commerce dans la ville où réside la chambre de commerce ou consultative, les notables seront nommés par moitié par lesdites chambres et moitié par le Conseil de Prud'hommes, ou par le conseil municipal de la ville, s'il n'y réside pas de Conseil de Prud'hommes.

Les notables devront être nécessairement patentés et en exercice actuel de leur industrie.

Art. 2. Le tribunal de commerce, et, à son défaut, soit le Conseil de Prud'hommes, soit le conseil municipal, comme il est ci-dessus, fera connaître à la chambre de commerce ou consultative avant le jour de l'élection, la liste des notables qu'il aura choisis, et ladite chambre ne fera son choix qu'après cette notification.

Art. 3. L'assemblée électorale sera convoquée et présidée par le préfet au chef-lieu du département, par le sous-préfet dans les autres arrondissements : le maire de la ville remplacera au besoin le préfet ou le sous-préfet.

Art. 4. Les élections auront lieu au scrutin secret de liste à la majorité absolue des membres présents à l'assemblée.

Art. 5. Pour la première formation d'une nouvelle chambre de commerce ou consultative, il sera procédé de même, sauf que l'assemblée électorale sera composée :

1° Des membres du tribunal de commerce;

2° Du Conseil de Prud'hommes s'il en existe un dans la ville ;

3° De dix commissaires délégués par le conseil municipal de la ville et pris dans son sein ;

4° De notables en nombre égal à celui des membres du tribunal de commerce et des commissaires municipaux, et pas au-dessous du nombre 24. Les notables seront nommés, savoir : dix par le conseil municipal, et le surplus par le tribunal de commerce.

S'il n'existe pas de tribunal de commerce, le conseil municipal choisira les deux tiers des notables, et le Conseil des Prud'hommes le tiers restant.

S'il n'y a pas de Conseil de Prud'hommes, les notables seront tous choisis par le conseil municipal.

Si l'érection de la chambre de commerce est faite pour remplacer une chambre consultative existante, les membres de celle-ci feront partie de l'assemblée, et désigneront la moitié des notables, s'il y a un tribunal de commerce, lequel nommera à l'autre moitié.

S'il n'y a pas de tribunal, la chambre consultative nommera les deux tiers; le tiers restant sera choisi par le Conseil des Prud'hommes, et, à défaut, par le Conseil municipal.

Art. 6. Conformément aux arrêtés des 3 nivose et 10 thermidor an XI, les chambres consultatives des arts et manufactures seront composées de six membres.

Les chambres de commerce seront composées de neuf ou de quinze membres, suivant que le titre de leur érection le portera, ou que nos ordonnances postérieures le régleront.

En outre, sur la demande des commerçants, et sur la proposition des préfets, il pourra être nommé, pour siéger à la chambre de commerce, un membre de plus, élu dans chacun des arrondissements de la circonscription de la chambre, autre que celui où elle réside. L'érection et le renouvellement se feront, en la forme prévue par l'art. 5, au chef-lieu de l'arrondissement ou des arrondissements qui auront demandé à se prévaloir de cette faculté.

Si un membre était nommé par plusieurs arrondissements, il serait tenu d'opter dans le délai d'un mois, et il serait procédé dans le mois suivant au remplacement, là où il aurait laissé la place vacante.

Il n'y aura d'élection qu'à Paris, pour tout le département de la Seine.

Art. 7. Les membres des chambres de commerce pourront être pris indistinctement dans toute la circonscription qui leur est attribuée par l'article 13 de la loi du 23 juillet 1820, et ceux des chambres consultatives, dans tout le département où elles sont établies; mais les membres nommés qui s'abstiendraient de se rendre aux convocations pendant un an, seraient considérés comme démissionnaires, et remplacés à la plus prochaine élection.

Art. 8. Nul ne sera nommé s'il n'a exercé le commerce ou une industrie manufacturière en personne, au moins pendant cinq ans.

Les anciens commerçants ou manufacturiers peuvent être nommés, mais leur nombre ne pourra jamais excéder le tiers des membres.

Art. 9 Les fonctions des membres durent trois ans; le renouvellement se fait par tiers pendant les deux premières années, après la nomination générale; le sort décide de l'ordre des sorties.

Néanmoins, les membres fournis par les arrondissements extérieurs, ne compteront que dans le premier roulement;

ils sortent après trois ans d'exercice. Nul ne peut être réélu plus d'une fois sans interruption d'exercice.

Les vacances accidentelles sont remplies à la prochaine élection; les élus ne le sont que pour le temps qui restait à courir sur l'exercice du remplacé.

Art. 10. Les chambres de commerce nomment tous les ans leur président. Le préfet, dans le lieu de sa résidence, ou le maire dans les autres villes, est membre né et président d'honneur de la chambre de commerce; il préside effectivement les séances, où il assiste en personne, etc., etc.

VII.

ORDONNANCE ROYALE DU 29 DÉCEMBRE 1844,

Qui crée à Paris un Conseil de Prud'hommes (pour les métaux).

Article 1er. Il est établi, à Paris, un Conseil de Prud'hommes pour l'industrie des métaux et les industries qui s'y rattachent.

Ce Conseil sera composé de quinze membres titulaires, dont huit marchands fabricants et sept chefs d'atelier, contre-maîtres et ouvriers patentés.

Art. 2. L'industrie des métaux et celles qui s'y rattachent sont divisées en cinq catégories, conformément au tableau ci-après.

Chaque catégorie procédera séparément à la nomination du Conseil de Prud'hommes, dans une assemblée spéciale composée des fabricants, contre-maîtres, chefs d'atelier et ouvriers patentés.

Les cinq catégories concourront aux nominations dans les proportions suivantes, savoir :

	NOMBRE DE PRUD'HOMMES à nommer.	
	Fabricants.	Ouvriers.
1° Mécaniciens, constructeurs de machines, fondeurs et fabricants de grosse chaudronnerie, entrepreneurs de serrureric, et carrossiers	1	1
2° Orfèvres, fabricants de plaqué, fabricants de bijouterie fine ou fausse.............	2	2
3° Fabricants d'instruments de précision et d'optique, d'instruments de musique, d'horlogerie...........................	2	2
4° Fabricants de bronze, ciseleurs, doreurs, estampeurs, fabricants de lampisterie et ferblanterie	2	1
5° Fabricants d'armes, d'instruments de chirurgie, coutellerie	1	1
	8	7
TOTAL................................	15	

Art. 3. Il sera, en outre, nommé, dans chacune des catégories ci-dessus désignées, afin de remplacer les titulaires en cas de décès, de démission ou d'empêchement légitime, deux suppléants pris, l'un parmi les marchands fabricants, l'autre parmi les chefs d'atelier, contre-maîtres ou ouvriers patentés.

Leurs fonctions dureront trois ans.

Art. 4. Les élections de Prud'hommes seront faites suivant le mode et la forme réglés par le décret du 20 février 1840 Il sera procédé à l'élection des suppléants dans les mêmes formes.

Les Prud'hommes titulaires et suppléants prêteront serment entre les mains du préfet du département de la Seine, au moment de leur installation, laquelle n'aura lieu qu'après que les procès-verbaux d'élection auront été transmis à notre ministre secrétaire d'État de l'agriculture et du commerce, et que les élections auront été reconnues régulières.

Art. 5. La juridiction du Conseil de Prud'hommes, établie par la présente ordonnance, s'appliquera à toutes les fabriques et manufactures de la ville de Paris dont les industries sont appelées par l'art. 2, à concourir à la formation dudit Conseil.

Seront, en conséquence, justiciables du Conseil, les marchands fabricants, chefs d'atelier, contre-maîtres et ouvriers, apprentis et employés travaillant pour lesdites fabriques et manufactures, quel que soit d'ailleurs le lieu de leur domicile ou de leur résidence.

Art. 6. Le Conseil de Prud'hommes se conformera aux dispositions de la loi du 18 mars 1806 et des décrets des 20 février et 3 août 1810.

Il soumettra à l'approbation de notre ministre de l'agriculture et du commerce un règlement pour le régime intérieur, tant du bureau général que du bureau particulier.

Art. 7. L'appel d'un jugement rendu par les Prud'hommes sera porté devant le tribunal de commerce de Paris, conformément aux lois et décrets précités.

Art. 8. La ville de Paris fournira le local nécessaire à la tenue des séances, et pourvoira tant aux dépenses de premier établissement et d'entretien qu'aux dépenses annuelles de chauffage, éclairage et autres menus frais, ainsi qu'au traitement du secrétaire et autres employés.

Art. 9. Notre garde des sceaux, ministre de la justice et des cultes, et notre ministre secrétaire d'État au département de l'agriculture et du commerce, sont chargés, chacun en ce qui le concerne, de l'exécution de la présente ordonnance, qui sera insérée au *Bulletin des Lois*.

Fait au palais des Tuileries, le 29 décembre 1844.

Signé : LOUIS-PHILIPPE.

PARIS

IMPRIMERIE CENTRALE DE NAPOLÉON CHAIX ET Cie,

rue Neuve-des-Bons-Enfants, 7.

www.ingramcontent.com/pod-product-compliance
Ingram Content Group UK Ltd.
Pitfield, Milton Keynes, MK11 3LW, UK
UKHW021519090726
13657UKWH00001B/336